Darien Cooper

Mein Mann ist gern verheiratet!

Ratgeber für Ehefrauen

Darien Cooper

Mein Mann ist gern verheiratet

Ratgeber für Ehefrauen

Verlag Schulte & Gerth Asslar

Best.-Nr. 15 094
ISBN 3-87739-094-3
1. Auflage 1988
2. Auflage 1989
Umschlaggestaltung: Wolfram S.C. Heidenreich
Umschlagfoto: Mauritius
Satz: Typostudio Rücker & Schmidt, Langgöns-Niederkleen
Druck und Verarbeitung: Ebner Ulm
Printed in Germany

Für meinen geliebten Mann
De Witt

EIN BESONDERER DANK
an
Patricia Bradley
und Grace Fox,
denen ich sehr verpflichtet bin
für die unzähligen Stunden,
die sie damit verbracht haben,
meinen Text durchzusehen,
zu kritisieren und
Verbesserungsvorschläge zu machen,
damit dieses Buch möglich wurde.
Sie haben ihren Beitrag
als Ehre und Vorrecht aufgefaßt.
Ihre Haltung war mir ein Ansporn.

Darien und DeWitt Cooper haben drei Söhne: Craig, Brian und Ken. Frau Cooper wohnt in Georgia und ist in vielen Städten im Süden der USA für ihre Bibelkurse für Frauen und ihre Vorträge bekannt. Ihre Vortragsreihe zum Thema dieses Buches war vielen Frauen eine große Hilfe. Viele Ehefrauen berichten, daß ihre Ehen völlig verändert wurden. Eine von ihnen sagte: „Die Anwendung dieser Wahrheiten hat mich näher zu meinem Mann gebracht, als ich es in den elf Jahren unserer Ehe jemals war. Auch er möchte Ihnen danken."

Darien Cooper studierte Soziologie am Carson Newman College in Jefferson City, Tennessee. Sie hatte sich zum Ziel gesetzt, anderen dabei zu helfen, Lösungen für die Probleme ihres Lebens zu finden. Obwohl sie das Staatsexamen für Sozialarbeit absolvierte, ließen es die Umstände nicht zu, daß sie in diesem Bereich tätig wurde.

Einige Jahre später, als sie und ihr Mann zeitweilig bei Campus für Christus mitarbeiteten, lernte Darien biblische Wahrheiten kennen, die ihr eigenes Leben und ihre Ehe völlig veränderten. „Wir lebten uns allmählich auseinander, bis Gott mich soweit brachte, diese Wahrheiten in meinem Leben anzuwenden", sagt sie. DeWitt war so beeindruckt, daß er sie ermutigte, eine Vortragsreihe „über die Wahrheiten, die unsere Ehe verändert haben", zu halten.

Diese Vortragsreihe haben Sie, intensiv überarbeitet, auf den folgenden Seiten vor sich. Wir hoffen, daß Sie das volle Glück finden, das Gott Ihnen schenken will, indem Sie seine Richtlinien in Ihrer Ehe verwirklichen. Das Buch ist zum Einzelstudium ebenso geeignet wie zum Gebrauch in einer Gruppe.

Inhalt

Vorwort

In einer Zeit, in der viele Presseorgane den Verlautbarungen der Feministinnen einen Platz auf der ersten Seite einräumen, ist es geradezu erfrischend, wenn eine attraktive Frau Gottes sich zu Wort meldet. Darien Cooper ist ganz und gar Frau – und findet darin Befriedigung und Erfüllung. Sie brauchte keine drei oder vier Ehen, um herauszufinden, wie man einen Mann glücklich macht. Dieses Geheimnis entdeckte sie gleich beim ersten Mal, und sie hält sich an das, was sie lehrt.

Vier Männer lieben und bewundern diese Frau: ihr Ehemann und ihre drei Söhne. Hunderte von Frauen besuchen ihre beiden wöchentlichen Bibelstudienkurse, in denen sie die Grundgedanken dieses Buches darlegt. Viele problembeladene Ehefrauen wurden von Freunden in diese Kurse eingeladen und kehrten durch die von Frau Cooper gelehrten Grundsätze verwandelt nach Hause zurück. Etliche der Frauen sind, sehr zum Erstaunen ihrer Ehemänner, von Rivalinnen zu Partnerinnen geworden.

Ich traf Darien zum ersten Mal, als ich in Atlanta, Georgia, ein „Family Life"-Seminar halten sollte. Sie und ihr Mann DeWitt holten meine Frau und mich vom Flughafen ab. Als ich hörte, wie Gott Darien gebrauchte, um Frauen durch das Weitergeben biblischer Grundwahrheiten zur Zufriedenheit in Ehe und Familie zu verhelfen, war ich begeistert. Aber noch beeindruckender fand ich, daß ihr Mann ebenso enthusiastisch hinter ihrem Dienst stand wie sie selbst.

Wann immer ich einem Mann begegne, der wirklich stolz ist auf das, was seine Frau außer Haus tut, weiß ich, daß sie eine sehr kluge Frau sein muß. Männer neigen dazu, sich durch den Erfolg ihrer Partnerin bedroht zu fühlen. Nicht so DeWitt. Er findet es großartig, daß Gott durch Darien Ehefrauen dabei hilft, erfüllte Beziehungen zu ihren Ehemännern zu erleben.

Es ist höchste Zeit, daß eine Frau die Dinge sagt, die Darien in diesem Buch behandelt. Sie ist eine hervorragende Kennerin der biblischen Grundwahrheiten, auf die eine glückliche Ehe gründet, und versteht es, sie klar und verständlich darzulegen. Sie weiß, daß eine Frau kein schwaches, schmuckbehangenes, hirnloses Geschöpf ist, das der Mann nur zu seinem erotischen Vergnügen oder als wandelnde Dekoration heiratet. Statt dessen sieht sie eine Ehefrau als unabdingbare Voraussetzung für die Lebenserfüllung ihres Mannes. Aber sie ist sich auch im klaren darüber, daß eine Ehefrau ihren von Gott zugewiesenen Platz annehmen muß, wenn sie nicht die Partnerschaft zerstören will.

Darien Cooper verfügt über eine gründliche Kenntnis des männlichen Egos. In diesem Buch untersucht sie die biblischen Grundsätze, die jede Ehefrau kennen muß, um mit diesem Ego zu leben. Die Zerstörung vieler Familien könnte verhindert werden, wenn mehr Ehefrauen um diese Geheimnisse wüßten. Es ist zu hoffen, daß Frauen, die vielleicht nie die Möglichkeit haben, Darien sprechen zu hören, dieses Buch lesen und Gottes Hilfe für ihre Ehen finden.

Tim LaHaye

Einleitung

Sie können Ihre wahre Identität finden, indem Sie den Platz entdecken, den Gott Ihnen als Frau und Ehefrau zugewiesen hat. Dieses Buch soll Ihnen dabei helfen.

Ich glaube, daß Gott uns Frauen das beste Teil gegeben hat. Leider erkennen viele von uns nicht, daß es ein wunderbares Vorrecht ist, Frau und Ehefrau zu sein, so daß sie die Freude und die Erfüllung, die Gott uns zugedacht hat, nicht erleben. Wir wollen zwar alle glücklich sein, aber einige von uns machen einen Rückzieher, sobald ihnen die biblischen Grundsätze und Gedanken, um die es in diesem Buch geht, vorgestellt werden. „Das ist zu schön, um wahr zu sein", sagen sie, oder: „Das wird bei mir nicht klappen", oder, wie ich selbst einmal sagte: „Sie wollen mich wohl auf den Arm nehmen. Ich brauche keine Hilfe!"

Damals war ich unbelehrbar. Wenn Sie mich gefragt hätten, ob ich persönliche Probleme habe, hätte ich geantwortet: „Nichts Ernsthaftes; nichts, das verändert werden müßte. Aber mein Mann – ja, das ist etwas anderes!"

Ich war der Meinung, in einer guten Ehe zu leben; aber wenn ich heute zurückblicke, wird mir klar, daß ich einfach einen guten Mann hatte. Zwölf Jahre lang habe ich versucht, DeWitt zu verändern – die Art, wie er Dinge tat oder ließ oder wie er sich mir gegenüber verhielt.

Ich versuchte es auf die direkte Art oder hinten herum. Ich weinte, wenn er meinen Geburtstag oder unseren Hochzeitstag vergaß. Ich fragte mich, warum er nicht zu mir kam, mich in die Arme nahm und sagte, daß es ihm leid täte und daß er mich liebte. Aber je mehr ich weinte, so schien es, desto weniger Aufmerksamkeit schenkte er mir.

Eines Tages sagte ich: „DeWitt, ich habe die Jones' von nebenan beobachtet. Herr Jones ist so aufmerksam. Er bringt seiner Frau Pralinen und Blumen mit. Immer, wenn er von der Arbeit nach Hause kommt, küßt er sie liebevoll an der Tür. Warum tust du das eigentlich nicht?"

„So gut kenne ich sie nun auch wieder nicht", antwortete er.

Ich hörte ihm zu, wenn er von seiner Arbeit erzählte, und gab ihm gute Ratschläge, was er hätte sagen und tun sollen und was nicht. Es war mir unbegreiflich, daß er meine Ratschläge offensichtlich nicht zu schätzen wußte und schließlich aufhörte, sich mit mir auszutauschen.

Dann, vor ungefähr sechs Jahren, begriff ich nach einem intensiven Bibelstudium, daß Gott eindeutige Antworten auf die Probleme des Lebens anbietet. Unter anderem fand ich gezielte Hinweise, wie eine erfüllte Ehe aussehen sollte. Anstatt DeWitt zu helfen, so wurde mir klar, engte ich ihn ein – zerstörte ich seine Männlichkeit. „Nun gut, Gott", sagte ich, „ich bin bereit, mir von dir zeigen zu lassen, wie ich zu der Ehefrau werden kann, die ich sein soll."

Heute erlebe ich jene erfüllte Beziehung, die Gott mit jeder Ehe im Sinn hat. Mein Leben ist aufregend schön, seit ich die Grundsätze anwende, die Gott mir in der Bibel gegeben hat. Ich habe entdeckt, daß ich in meiner Ehe vollkommenes Glück und Zufriedenheit finden kann, unabhängig von den äußeren Umständen.

Gott sieht nicht die Person an. Seine Wahrheit gilt allen, die ihm glauben und vertrauen, indem sie seinem Wort gehorsam sind. Alles, was Sie brauchen, ist eine lernbereite Haltung – die Bereitschaft, Gott in Ihrem Leben wirken zu lassen. Wenn Sie Gott vertrauen und seinem Wort gehorchen, werden Sie – wie ich selbst und unzählige andere Frauen ebenfalls – die Erfüllung finden, die Sie suchen.

Ich habe dieses Buch geschrieben, um so vielen Frauen wie möglich die Wahrheiten mitzuteilen, die mein Leben und meine Ehe in den letzten sechs Jahren verändert haben. Ich bedaure nur, daß ich diese Grundsätze nicht früher kennengelernt habe.

Es ist wichtig, daß Sie das Buch von vorne bis hinten durchlesen, so wie es geschrieben wurde, da jedes Kapitel auf dem vorhergehenden aufbaut. Bitte heben Sie sich Ihr Urteil über jede einzelne Aussage auf, bis Sie das gesamte Buch gelesen und einen Überblick über das Ganze gewonnen haben. Und bedenken Sie, während Sie diese Grundsätze durcharbeiten, daß sie sich unabhängig davon anwenden lassen, ob Ihr Mann an Jesus Christus glaubt oder nicht.

Wenn Sie diese Grundsätze in die Tat umsetzen und zu Ihrem Lebensstil machen, dürfen Sie damit rechnen, daß nicht nur Sie selbst sich verändern, sondern daß auch Ihr Mann sich verändert. Es ist ein Erlebnis, die Reaktionen von Ehemännern zu hören und zu sehen, die nicht ahnen, daß ihre Frauen Gottes Plan für eine glückliche Ehe studieren. Vielen ist es ein Rätsel, warum es plötzlich so viel angenehmer und leichter geworden ist, mit ihren Frauen zu leben.

Aber Veränderungen brauchen ihre Zeit; haben Sie also Geduld, und überlassen Sie die Ergebnisse Gott. Verlassen Sie sich darauf, daß er Ihre Ehe erneuern wird. „Wenn der Herr nicht das Haus baut, so arbeiten umsonst, die daran bauen" (Psalm 127,1).

Ich möchte Ihnen vorschlagen, ein persönliches Notizbuch zu beginnen. Während Sie dieses Buch lesen, tragen Sie in eine Spalte die Einstellungen und Lebensgewohnheiten ein, von denen Ihnen deutlich wird, daß sie geändert werden müssen. Bitten sie Gott, Ihnen praktische Schritte zu zeigen, die Sie gehen können, um jede Ihrer falschen Einstellungen und Gewohnheiten in Angriff zu nehmen. Diese Schritte tragen Sie in die gegenüberliegende Spalte ein. Dann probieren Sie diese Ideen aus, so wie Gott Sie führt. Es wird Ihnen eine Ermutigung sein, wenn Sie später zurückblicken und sehen, was Gott in Ihrem Leben bereits verändert hat.

Es ist mein Gebet, daß Sie durch dieses Buch das volle, befriedigende Leben entdecken, das Gott für Sie als Frau und Ehefrau bereithält, und daß Sie die Ehefrau werden, die Ihr Mann braucht – anders ausgedrückt, daß Ihre Ehe glücklich wird.

Nun möchte ich noch vielen Menschen herzlich danken, deren hingebungsvolle Hilfe dieses Buch möglich gemacht hat: Mein Mann DeWitt und unsere drei Söhne Craig, Brian und Ken haben mir das Schreiben durch ihre Begeisterung leichter gemacht. Frau Willis Horton hat mir mit großer Geduld viele dieser Wahrheiten nahegebracht. Phyllis Ott fertigte die Reinschrift an und steuerte hilfreiche Vorschläge bei. Anna Stanley brachte mich auf den Gedanken, dieses Buch zu schreiben. Schließlich danke ich den zahlreichen Frauen, die mir erlaubt haben, ihre persönlichen Erfahrungen als Beispiele zu gebrauchen – selbstverständlich in verschleierter Form, um eine Identifizierung unmöglich zu machen.

Der vollkommene Plan

In vollem Ernst dachte vor einigen Jahren an einem warmen Nachmittag Margie Maultsby aus Valdosta, Georgia, eine attraktive farbige Frau in den Dreißigern, darüber nach, wie sie ihre Zukunft ohne ihren Ehemann Joe gestalten wollte. Obwohl beide seit sechs Monaten wieder zusammen waren, nachdem Margie eine vorübergehende Trennung erzwungen hatte, hatte sich an ihrem Zusammenleben nicht das Geringste zum Besseren verändert.

Tags darauf lud eine flüchtige Bekannte sie zu einem Bibelstudienkurs in der Nachbarschaft ein, in dem Tonbandkassetten mit meinen Vorträgen über die biblischen Grundwahrheiten, um die es in diesem Buch geht, vorgespielt werden sollten. Aber Margie hatte nicht vor hinzugehen. Was konnte ihr eine weiße Frau schon bieten, das ihr in ihrer hoffnungslosen Ehe helfen würde?

Aber Gott wußte, was sie brauchte, und zog sie in den Kurs. Die Briefe, die sie nach dem ersten und zweiten Abend an Gott schrieb, zeigen, was in ihr vorging:

Lieber Gott,
kannst Du Dir vorstellen, daß ich tatsächlich in diesen Bibelkurs gegangen bin? Frag mich nicht, warum! Bevor ich wußte, was ich tat, klingelte ich schon an dieser Tür, stellte mich der Kursleiterin und der Gastgeberin vor und nahm unter zehn anderen fremden Frauen Platz.
Ob mir der Kurs gefallen hat? Keine Ahnung; ich habe

das meiste vergessen. Trotzdem, ich habe Hausaufgaben auf. Das ist lächerlich; als ob ich nicht schon genug Schularbeiten zu machen hätte. Schließlich, Vater, bin ich Englischlehrerin. Ich habe wirklich keine Zeit dafür; wahrscheinlich gehe ich nicht wieder hin. Diese Dame auf dem Tonband kann mir nichts sagen, was ich nicht schon wüßte. Ich habe schon jede Menge Bücher über die Ehe gelesen. Trotzdem möchte ich versuchen, einige dieser Grundsätze anzuwenden. Aber meine Ehe ist eigentlich ganz in Ordnung. Zumindest nicht schlechter als die meisten. Jeder hat seine Probleme. Jedenfalls will ich nicht über Ehe nachdenken; ich will über Dich und Christus nachdenken.

Margie

Lieber Gott,
ich stehe immer noch unter Schock nach diesem Frauenbibelkurs gestern abend! Ja, ich bin wieder hingegangen!
Nun, es hat mir einen ganz schönen Schlag versetzt; es war ein richtiger Blitz! Mir ist klargeworden, daß ich meinen Mann eigentlich gar nicht liebe. Kannst Du das glauben? Ich konnte es nicht. Ich habe gedacht, ich sei immer eine gute Ehefrau gewesen. Aber als ich gestern zum ersten Mal die Worte aus 1. Korinther 13,4-7 hörte, da gewannen diese Worte, die die Liebe beschreiben, für mich plötzlich eine große Bedeutung: „... ist freundlich, eifert nicht, rechnet das Böse nicht zu, sucht nicht das Ihre, glaubt alles, hofft alles, duldet alles ...". Ich merkte, daß ich nur dann freundlich zu Joe bin, wenn er tut, was ich will. Ich muß eine Menge lernen!
Weißt Du, Gott, ich bin tatsächlich eifersüchtig! Abends durchsuche ich Joes Brieftasche. Ich überprüfe auch alles, was er erzählt, wenn er nach Hause kommt, um sicherzugehen, daß er die Wahrheit sagt. Woher soll ich das sonst wissen? Manchmal lauere ich ihm richtig

auf, nur um ihn mit Drohungen und Anklagen zu überfallen. Bei solchen Gelegenheiten rechne ich hartnäckig das Böse zu. Ich habe so viel Zeit damit verbracht, auf Joe zu starren, daß ich keine Ahnung hatte, wieviel Böses mein eigenes Spiegelbild enthält.

Zu allem, was ich gesagt habe, himmlischer Vater, kommt noch, daß ich das Meine suche. Ich kümmere mich nie auch nur im geringsten um Joes Träume; ich interessiere mich nur für meine eigenen. Ich lasse ihm nie die Freiheit, nachzudenken, zu planen, zu träumen. Ich versuche nur immer, ihm meine Wertvorstellungen aufzudrängen.

Weißt Du, Joe gehört zu einem Club, und ich habe immer Angst, jemand könnte schlecht von mir oder sogar von meiner Ehe denken, wenn er sich bei einem Clubabend danebenbenimmt oder zu lange bleibt. Ich weiß, daß das dumm ist. Trotzdem habe ich aus diesem Grund immer versucht, ihn dazu zu bringen, auf sein Benehmen zu achten. Das ist nach Deinem Wort falsch, und außerdem funktioniert es sowieso nicht. Wenn ich ihm lange Predigten halte oder wütend werde und damit drohe, ihn zu verlassen, dann scheint es für eine Weile, als ob er sich meinen Wünschen fügte.

Während solcher Zeiten geht es mir großartig. Dann ... zack! fällt er wieder in seine alten Gewohnheiten zurück. Ich hätte wissen müssen, daß da etwas nicht stimmte, aber ich merkte es nicht. Ich dachte, so sei das Leben nun einmal. Dann las ich: „Wenn der Herr nicht das Haus baut, so arbeiten umsonst, die daran bauen" (Psalm 127,1). Ich gebe Dir mein Haus, damit Du es baust. Vater, bitte lehre mich, meinen Mann zu lieben!

Margie

Nach dem zweiten Kursabend übergab Margie ihr Leben und ihre Ehe völlig in die Hände Gottes. Das folgende Jahr war sehr schwer, aber Jesus gab ihr die

Kraft, Joe bedingungslos zu lieben. Wenig später wurde sie belohnt, als Joe liebevoll und mit ganz neuem Empfinden für sie sagte: „Ich möchte, daß der Herr mir etwas von dem gibt, was du hast."

Margie kehrte sich vollständig von ihren alten Wegen ab. Dadurch wurde sie frei dafür, Gottes Weg zu lieben. Sie und Joe empfinden heute eine ganz neue Liebe füreinander und erleben in ihrer Ehe die Erfüllung, die Gott allen Paaren schenken möchte. Gott gebraucht Margie machtvoll, um anderen dort, wo sie heute lebt, ihre Erfahrungen weiterzugeben.

Ein Leben voller Befriedigung

Gott hat Sie nicht geschaffen und in die Welt gestellt, damit Sie ein Leben voller Gleichgültigkeit, Enttäuschungen, Niederlagen oder Mutlosigkeit führen. Er will, daß Sie glücklicher sind, als Sie es sich je erträumt haben. „Dem aber, der überschwenglich tun kann über alles hinaus, was wir bitten oder verstehen, nach der Kraft, die in uns wirkt, dem sei Ehre" (Epheser 3,20-21). Jesus Christus sagte, er sei gekommen, um Ihnen ein befriedigendes, erfülltes Leben zu schenken. „Ich bin gekommen, damit sie das Leben und volle Genüge haben sollen" (Johannes 10,10).

Dieses Leben steht Ihnen zur Verfügung, ganz egal, welchen Hintergrund, welche Bildung, welche Nationalität Sie haben oder in welchen Verhältnissen Sie zur Zeit leben. Alles, was er von Ihnen erwartet, ist die innere Bereitschaft, seinem Plan zu gehorchen. „Wollt ihr mir gehorchen, so sollt ihr des Landes Gut genießen" (Jesaja 1,19). „Des Landes Gut" kann mit einem überfließenden Leben für Sie verglichen werden.

Ein persönlicher Plan

Gott liebt Sie so sehr, daß er für Sie ganz persönlich einen Plan entworfen hat, durch den Sie Wachstum, Entwicklung und Erfüllung erfahren können. Ihr Leben ist mit einer Gebrauchsanweisung von Gottes eigener Hand versehen. „Denn du hast meine Nieren bereitet und hast mich gebildet im Mutterleibe. Ich danke dir dafür, daß ich wunderbar gemacht bin; wunderbar sind deine Werke; das erkennt meine Seele. Es war dir mein Gebein nicht verborgen, als ich im Verborgenen gemacht wurde, als ich gebildet wurde unten in der Erde. Deine Augen sahen mich, als ich noch nicht bereitet war, und alle Tage waren in dein Buch geschrieben, die noch werden sollten und von denen keiner da war. Aber wie schwer sind für mich, Gott, deine Gedanken! Wie ist ihre Summe so groß! Wollte ich sie zählen, so wären sie mehr als der Sand: Am Ende bin ich noch immer bei dir" (Psalm 139,13-18).

Sie sind Gott so wichtig, daß er beständig an Sie denkt und nichts, was Sie betrifft, ihm entgeht. Im Leben der Kinder Gottes gibt es keine Zufälle. Er möchte Ihre Persönlichkeit, Ihre körperliche Gestalt und Ihren Hintergrund zu Ihrem Nutzen gebrauchen.

Wenn Sie ihm vertrauen, kann er alle Dinge in Ihrem Leben, die Sie gerne verändert sehen möchten, zu Ihrem Besten umgestalten. „Wir wissen aber, daß denen, die Gott lieben, alle Dinge zum Besten dienen, denen, die nach seinem Ratschluß berufen sind" (Römer 8,28). Beachten Sie, daß es nicht heißt, alle Dinge seien gut, sondern daß Gott alle Dinge zu Ihrem Besten zusammenwirken läßt. Nur Gott kann solche Wunder tun.

Stellen Sie nicht in Frage, was Gott tut; vertrauen Sie ihm einfach, daß er weiß, was für Sie am besten ist. „Ja, lieber Mensch, wer bist du denn, daß du mit Gott rechten willst? Spricht auch ein Werk zu seinem Meister:

Warum machst du mich so?" (Römer 9,20). Das bedeutet, daß Sie nicht danach fragen sollten, warum Sie so sind, wie Sie sind, oder warum Ihr Ehemann so ist, wie er ist. Statt dessen sollten Sie Gottes Plan für Ihr Leben entdecken und annehmen, damit er alle Dinge zu Ihrem Nutzen verwenden kann.

Die Ehe –
eine erfüllende Gemeinschaft

Alles, was Ihnen Gott zugedacht hat, dient Ihrem Wohl. So ist auch die Ehe von Gott zu dem Zweck eingesetzt worden, um Ihnen das größtmögliche menschliche Glück zu schenken. In Epheser 5,21-33 wird diese Beziehung beschrieben:

„Ordnet euch einander unter in der Furcht Christi. Ihr Frauen, ordnet euch euren Männern unter wie dem Herrn. Denn der Mann ist das Haupt der Frau, wie auch Christus das Haupt der Gemeinde ist, die er als seinen Leib erlöst hat. Aber wie nun die Gemeinde sich Christus unterordnet, so sollen sich auch die Frauen ihren Männern unterordnen in allen Dingen.
Ihr Männer, liebt eure Frauen, wie auch Christus die Gemeinde geliebt hat und hat sich selbst für sie dahingegeben ... So sollen auch die Männer ihre Frauen lieben wie ihren eigenen Leib. Wer seine Frau liebt, der liebt sich selbst. Denn niemand hat je sein eigenes Fleisch gehaßt; sondern er nährt und pflegt es, wie auch Christus die Gemeinde ... Darum wird ein Mann Vater und Mutter verlassen und an seiner Frau hängen, und die zwei werden ein Fleisch sein ... Darum auch ihr: ein jeder habe lieb seine Frau wie sich selbst; die Frau aber ehre den Mann."

Ich glaube, daß die Frau in der ehelichen Gemeinschaft den bevorzugten Platz einnimmt. Sie soll von ihrem Mann geliebt und geschützt werden in derselben Weise, in der sich Christus für die Gemeinde, also für die Gläubigen, hingegeben hat. Der Ausdruck „sich unterordnen" beschreibt die Art, wie Sie sich gegenüber Ihrem Mann verhalten sollen. Man könnte auch sagen, daß Sie auf die Liebe, den Schutz und die Führung Ihres Mannes *reagieren* sollen. Unterordnung bedeutet niemals, daß Ihre Persönlichkeit, Ihre Fähigkeiten und Talente oder Ihre Individualität verschüttet werden, sondern daß sie in die richtigen Kanäle gelenkt werden, in denen sie sich voll entfalten können.

Jemand hat einmal gesagt: „Die Frau wurde aus dem Mann erschaffen; nicht aus seinem Kopf, um von ihm kommandiert zu werden; auch nicht aus seinen Füßen, um seine Sklavin zu sein. Sondern sie wurde seiner Seite entnommen, um ihn zu ergänzen; aus der Nähe seiner Arme, um von ihm beschützt zu werden; und aus der Nähe seines Herzens, um von ihm geliebt zu werden." Unterordnung setzt Sie niemals gefangen. Sie befreit Sie und gibt Ihnen die Freiheit, sich unter dem Schutz einer von Gott eingesetzten Autorität schöpferisch zu entfalten.

War es nicht schon vor Ihrer Eheschließung so, daß Sie auf die Liebe und Führung Ihres Mannes antworteten? Er drückte seine Liebe und Führung aus, indem er Rücksicht auf Sie nahm, Ihnen Komplimente machte und Ihnen Geschenke brachte. Sie antworteten auf seine Liebe, indem Sie sich hübsch machten, um ihm zu gefallen, oder indem Sie mit ihm Dinge unternahmen, für die Sie sich vielleicht gar nicht so sehr interessierten – einfach deshalb, weil Sie es genossen, mit ihm zusammenzusein.

Dann, nach der Hochzeit, wurde allmählich alles anders. Was war geschehen? Könnte es sein, daß Sie nach und nach die Rolle der Reagierenden, Antwortenden verlassen haben, indem Sie aufhörten, so gut Sie konnten auf Ihren Mann zu achten, oder indem Sie es ablehnten, seine Interessen zu teilen? Ja, ohne es überhaupt zu merken, hört man sehr leicht auf, auf den Ehemann einzugehen.

Eine kluge Frau weiß, daß sie ihre Verantwortung nicht auf die leichte Schulter nehmen darf, sondern ernsthaft daran arbeiten muß, eine dauerhaft erfüllende Beziehung aufzubauen. „Die Weisheit der Frauen baut ihr Haus; aber ihre Torheit reißt's nieder mit eigenen Händen" (Sprüche 14,1). Eine Frau kann sich unweise verhalten und ihre Ehe zerstören, ohne zu merken, daß sie gegen die Grundvoraussetzungen einer gelungenen Ehe verstößt. Darum müssen Frauen lernen, „daß sie ihre Männer lieben, ihre Kinder lieben, besonnen seien, keusch, häuslich, gütig, und sich ihren Männern unterordnen, damit nicht das Wort Gottes verlästert werde" (Titus 2,4-5).

Da es der Welt nur zu gut gelungen ist, die eheliche Gemeinschaft mit ihrer Aufgabenverteilung zu verzerren, fühlen sich unkluge Frauen oft unausgefüllt. Sie sind überzeugt, daß ihre Freudlosigkeit von ihren Aufgaben im Haushalt und in der Kindererziehung herrührt. Also versuchen sie, Erfüllung zu finden, indem sie ihre Rolle im Sinne einer falsch verstandenen Emanzipation verändern. In Wirklichkeit ist ihr Elend nicht die Folge ihrer Rolle, sondern ihrer Unfähigkeit, die Rolle, die Gott ihnen zugewiesen hat, zu verstehen und auszufüllen.

Eine kluge Frau erkennt Gottes Grundsätze für den Bau einer erfolgreichen Ehe und wendet sie an. Sie weiß, daß eine Ehe, wenn sie gelingen soll, ebenso der Planung bedarf wie jedes andere Unternehmen. Um einen leichten, wohlschmeckenden Kuchen zu backen, muß sie zum Beispiel die richtigen Zutaten im richtigen

Moment und im richtigen Verhältnis zueinanderfügen. Das gleiche gilt für eine Ehe. Um eine glückliche Ehe entstehen zu lassen, wird eine wahrhaft kluge Frau die richtigen Grundsätze zur rechten Zeit in einer von Gott gegebenen Ausgewogenheit anwenden. Eine gute Ehe ist kein Zufall. Sie wird über Jahre hinweg bewußt gestaltet.

Das Buch Ester bietet sowohl für eine unkluge als auch für eine kluge Frau ein Beispiel. Königin Wasti, die unkluge Frau, reagierte nicht auf die Führung ihres Mannes, als er sie darum bat, zu seinem Fest zu kommen und seine Gäste ihre Schönheit bewundern zu lassen. Infolgedessen wurde sie aus der Gegenwart des Königs verbannt, und er erwählte Ester zu seiner neuen Königin. (Manche Christen glauben, daß Königin Wasti eine obszöne Handlung vollführen sollte und ihr Ungehorsam daher gerechtfertigt war. Aber im hebräischen Text oder in den damaligen Gebräuchen der Perser deutet nichts darauf hin, daß sie aufgefordert worden war, eine Sünde zu begehen.)

Ester, eine kluge Frau, entsprach der Führung des Königs Ahasveros, und die Folgen reichten weit! Während einer schweren Krise, die sie das Leben kosten konnte, veranlaßten ihre ehrerbietige Haltung und ihr kluges Verhalten den König dazu, zu sagen: „Was bittest du, Ester? Es soll dir gegeben werden. Und was begehrst du? Wäre es auch die Hälfte des Königreichs, es soll geschehen" (Ester 5,6). Die Krise war vorüber. Esters Leben und das Leben ihrer Landsleute war gerettet, weil sie richtig und weise gehandelt hatte.

Eine kluge Frau wird eine erfolgreiche Ehe aufbauen, indem sie so auf die Bedürfnisse ihres Mannes eingeht, wie es in Sprüche 31,12 beschrieben ist: „Sie tut ihm Liebes und kein Leid ihr Leben lang."

Lassen Sie diesen Vers Maßstab sein, um Ihre eigenen Haltungen und Handlungen zu beurteilen. Fragen Sie sich: „Wie kann ich meinen Mann trösten, ermutigen und ihm Liebes tun?" Das kann manchmal heißen, daß Sie ihn trösten, wenn sein Chef ihm den Arbeitstag schwer gemacht hat, oder ihn ermutigen, wenn er zu zweifeln beginnt, ob er noch in der Lage ist, seine Familie zu ernähren. Wenn Sie sich weise verhalten, werden Sie erleben, wie Ihre eheliche Gemeinschaft wunderbar aufblüht.

Sie und Ihr Schöpfer

Das Bedürfnis nach einer Frau war im Leben des ersten Mannes nicht zu übersehen. Adam war vom Herrn vollkommen erschaffen und in eine vollkommene Umgebung, den Garten Eden, gestellt worden. Dort lebte er in Gemeinschaft mit Gott. Langeweile kannte er sicherlich nicht. Und doch brauchte er ein Gegenüber – jemanden, der auf seine menschlichen Bedürfnisse eingehen konnte.

Also stellte ihm Gott die Frau an die Seite. „Und Gott der HERR sprach: Es ist nicht gut, daß der Mensch allein sei; ich will ihm eine Gehilfin machen, die um ihn sei ... Da sprach der Mensch: Das ist doch Bein von meinem Bein und Fleisch von meinem Fleisch; man wird sie Männin nennen, weil sie vom Manne genommen ist" (1. Mose 2,18;23).

Da Gott die Frau geschaffen hatte, war sie vollkommen. Ihre Schönheit muß wohl alle unsere Vorstellungen übersteigen. Adam erkannte auf den ersten Blick, daß sie anders war als er, aber dennoch sein Gegenüber.

Im Neuen Testament hallen das Bedürfnis des Mannes nach der Frau und die Absicht, die Gott mit ihrer Erschaffung verfolgte, wider. „Denn der Mann ist nicht von der Frau, sondern die Frau von dem Mann. Und der Mann ist nicht geschaffen um der Frau willen, sondern die Frau um des Mannes willen" (1. Korinther 11,8-9). Ein schöner Aspekt in Gottes Plan ist, daß die Frau selbst glücklich wird, indem sie den Bedürfnissen des Mannes entgegenkommt.

Außerdem kann eine Frau durch ihre Fähigkeit, diese Bedürfnisse zu befriedigen, einen äußerst starken Einfluß auf ihren Mann ausüben.

Als die erste Frau aus ihrer Rolle ausbrach, nämlich der Führung ihres Mannes zu folgen, beging sie einen schweren Fehler, der Auswirkungen auf die gesamte Menschheit hatte (vgl. 1. Mose 3,1-6). Eva ließ es zu, daß Satan mit seinen Einflüsterungen und trügerischen Worten ihr Denken beeinflußte und sie daran zweifeln ließ, daß Gottes Plan zu ihrem Besten war. Als sie einmal an Gottes vollkommener Liebe und Fürsorge zweifelte, dauerte es nicht mehr lange, bis sie sündigte – bis sie unabhängig von Gott und seinem Plan für ihr Leben handelte.

Nachdem sie selbst diesen Fehler begangen hatte, benutzte Eva ihren Einfluß, um ihren Mann zu veranlassen, den gleichen Fehler zu machen. „Und sie nahm von der Frucht und aß und gab ihrem Mann, der bei ihr war, auch davon, und er aß" (1. Mose 3,6). Sie gab ihm, und er aß! Wenn Sie nicht auf Gottes Führung vertrauen, ist es möglich, daß Sie Ihren Mann in eine falsche Richtung drängen. In 1. Mose 16 finden wir einen Bericht über Sarai (später Sara genannt), eine gottesfürchtige Frau, die aus ihrer Rolle, der Führung ihres Mannes zu folgen, ausbrach und ihn in einer Richtung beeinflußte, die sie später bereute. Es war schon viele Jahre her, daß Gott ihnen einen Sohn versprochen hatte. Sarai wurde ungeduldig und wollte Gott helfen, sein Versprechen einzulösen, indem sie ihrem Mann ihre Magd zuführte, damit diese ihnen einen Sohn gebäre.

Sarai verließ die Rolle, die Gott ihr zugewiesen hatte. Indem sie die Dinge in ihre eigene Hand nahm, veranlaßte sie ihren Mann zur Sünde. Diese Sünde brachte und bringt viele Menschen durch die Jahrhunderte in Not, weil die Kinder der Hagar und die Kinder der

Sarai einander bis auf den heutigen Tag bekämpfen. Die Rolle der Frau ist nicht nur ein wunderbares Vorrecht, sondern auch eine große Verantwortung.

Die Bedürfnisse der Frau

Vor dem Fall des Menschen (vgl. 1. Mose 3) war die Frau nach Leib, Seele und Geist vollkommen. Sie lebte jeden Tag in der Gemeinschaft mit dem Herrn und mit ihrem Mann. Als sie Gott ungehorsam wurde und die Frucht vom Baum der Erkenntnis des Guten und Bösen aß, starb sie, wie Gott es ihr vorhergesagt hatte. Es dauerte noch einige hundert Jahre, bis sie körperlich starb, aber geistlich starb sie sofort. Ihr menschlicher Geist, der Teil von ihr, mit dem sie Gottes Wahrheiten verstehen und die Gemeinschaft mit ihm erfahren konnte, starb mit dem Sündenfall. Von einem Augenblick auf den anderen breitete sich in ihrem Leben eine Leere aus, die nur dann wieder ausgefüllt werden konnte, wenn sie die persönliche Beziehung zu Gott zurückgewann.

Jemand hat gesagt, es gebe im Herzen eines jeden Menschen ein „gottförmiges Vakuum", das von nichts und niemandem ausgefüllt werden könne außer von Gott, dem Schöpfer, der sich in Jesus Christus offenbart hat. Jedes Glied der menschlichen Rasse betritt diese Welt in dem gleichen gefallenen Zustand, in dem sich Eva unmittelbar nach ihrer Sünde befand. Die alte, sündhafte Natur ist durch Adam auf jeden von uns übergegangen. „Deshalb, wie durch einen Menschen die Sünde in die Welt gekommen ist und der Tod durch die Sünde, so ist der Tod zu allen Menschen durchgedrungen, weil sie alle gesündigt haben" (Römer 5,12).

Jede von uns hat ein Kontrollzentrum in ihrem

Leben. Ohne Christus in unserem Leben bestimmt uns die alte, sündhafte Natur („das Selbst", „das Ich", „das Fleisch", „der alte Mensch" – oder welchen Ausdruck auch immer wir gebrauchen). Diese sündhafte Natur zeigt sich schon bei Kindern ganz deutlich. Wir brauchen sie nicht erst zu lehren, selbstsüchtig zu sein oder auf ihrem eigenen Willen zu beharren. Das tun sie ganz von sich aus. Die alte, sündhafte Natur ist selbstsüchtig und eigensinnig.

Gott liebt Sie so sehr, daß er einen Plan entwarf, durch den Sie die Gemeinschaft mit ihm zurückerlangen können, ohne daß er sein eigenes vollkommenes Wesen verleugnen müßte. Die Schranke, die durch die Sünde zwischen Ihnen und Gott besteht, muß entfernt werden, bevor Sie seine Liebe erfahren können, denn seine Gerechtigkeit läßt eine Berührung mit der Sünde nicht zu. Da Gott vollkommen gerecht ist, kann er Ihre Sünde nicht einfach übersehen, sondern verlangt, daß die Strafe, der Tod, bezahlt wird. Jesus, der Sohn Gottes, verwirklichte den Plan des Vaters, indem er die himmlische Herrlichkeit verließ und auf die Erde kam. Er wurde als Mensch geboren und nahm menschliche Gestalt an. Indem er ein vollkommenes Leben führte und freiwillig am Kreuz starb, um die Strafe für unsere Sünden zu bezahlen, vollbrachte er unsere Errettung. „Denn er hat den, der von keiner Sünde wußte, für uns zur Sünde gemacht, damit wir in ihm die Gerechtigkeit würden, die vor Gott gilt" (2. Korinther 5,21).

Während Jesus sechs Stunden lang dort am Kreuz hing, warf der Vater „unser aller Sünde auf ihn" (Jesaja 53,6). Vor etwas weniger als 2000 Jahren bezahlte Jesus den vollen Preis für alle Ihre Sünden – die der Vergangenheit, der Gegenwart und der Zukunft. Er sagte: „Es ist vollbracht!" (Johannes 19,30). Er hat alles getan, was nötig war, um Sie zu erlösen. Die Erlösung können Sie sich nicht erarbeiten oder verdienen. Sie ist ein freies

Geschenk, das Sie nur annehmen können. Dann gehört es Ihnen.

Es ist wichtig, daß Sie sich klarmachen, daß Ihre Sünde bereits erledigt ist, ganz gleich, wie groß sie Ihnen zu sein scheint. Die einzige Frage ist, ob Sie annehmen oder zurückweisen, was Jesus Christus am Kreuz für Sie getan hat (vgl. Johannes 3,18). Es gibt keinen Weg, Gott kennenzulernen, außer durch seinen Sohn. Darum sagte Jesus: „Ich bin der Weg und die Wahrheit und das Leben, niemand kommt zum Vater denn durch mich!" (Johannes 14,6). Wenn Sie das, was er am Kreuz getan hat, für sich persönlich annehmen, werden Sie Gottes Kind.

Wenn Sie in diesem Augenblick nicht sicher sind, Gottes Kind zu sein, ein Mitglied seiner ewigen Familie, warum verschaffen Sie sich nicht diese Gewißheit? Die Bibel sagt, daß Sie *wissen* dürfen, daß Sie Gottes Kind sind, sobald Sie seinen Sohn aufgenommen haben. „Und das ist das Zeugnis, daß uns Gott das ewige Leben gegeben hat, und dieses Leben ist in seinem Sohn. Wer den Sohn hat, der hat das Leben; wer den Sohn Gottes nicht hat, der hat das Leben nicht. Das habe ich euch geschrieben, damit ihr wißt, daß ihr das ewige Leben habt, die ihr glaubt an den Namen des Sohnes Gottes" (1. Johannes 5,11-13).

In diesem Augenblick, in der Stille Ihres eigenen Herzens, können Sie dem Vater sagen, daß Sie sein vollkommenes Geschenk der Erlösung annehmen, indem Sie seinen Sohn als Ihren persönlichen Retter aufnehmen. Sie dürfen dann aufgrund seines Wortes – nicht aufgrund dessen, was Sie tun oder fühlen – gewiß sein, daß Sie sein Kind sind.

Wenn Sie Jesus Christus in Ihr Leben eingeladen haben, sei es erst vor kurzem oder schon vor längerer Zeit, dann bestimmt jetzt Jesus Christus das Kontrollzentrum Ihres Lebens. Jesus Christus ist durch die erneuernde Kraft des Heiligen Geistes in Ihr Leben gekommen, und Sie sind ein Kind Gottes geworden. In diesem Augenblick hat der Heilige Geist in Ihnen Wohnung genommen, so daß sie in der Lage sind, ein Leben als Christ zu führen (vgl. Römer 8,9). Ebensowenig, wie Sie sterben konnten, um sich selbst von Ihren Sünden zu erlösen, können Sie aus sich selbst heraus das christliche Leben führen. Jesus Christus möchte in Ihnen und durch Sie von Augenblick zu Augenblick sein Leben von neuem leben, wenn Sie es ihm gestatten. Sobald Sie darauf vertrauen, daß er am Kreuz für Sie über die Sünde gesiegt hat, ist die Kraft Ihrer alten, sündhaften Natur gebrochen.

Weil Christus über die Sünde gesiegt hat, brauchen Sie nicht länger in Panik zu geraten, wenn etwas schiefgeht. Kennen Sie solche Tage, an denen Klaus und Peter anfangen zu raufen und gerade in dem Moment, als Sie dazwischengehen wollen, das Telefon klingelt und die Suppe auf dem Herd überkocht? Inmitten solcher Situationen können Sie einen klaren Kopf und inneren Frieden behalten, wenn Sie statt Ihrer eigenen Jesu Kraft in Anspruch nehmen. Gott hat versprochen, Ihnen alles zur Verfügung zu stellen, was Sie brauchen (vgl. 2. Korinther 9,8). Und nicht nur das; er sagt sogar, daß er gerade Schwierigkeiten wie diese gebraucht, um Sie in das Bild seines Sohnes Jesus Christus umzuformen (vgl. Römer 8,29).

Es ist, als wären Sie ein Rohdiamant, den der Meisterschleifer in das Bild Jesu Christi verwandelt. Jeder Tag kann zu einem Abenteuer werden, wenn Sie seine Freuden und Schwierigkeiten als Teile des Prozesses betrachten, durch den Gott Sie zu einem seiner Originale gestaltet. Sie können sich entspannen und auf seine Geschicklichkeit in diesem Handwerk vertrauen. „Denn wir sind sein Werk, geschaffen in Christus Jesus zu guten Werken" (Epheser 2,10).

Obwohl Sie nun Gottes Kind sind, ist es durchaus möglich, daß Sie die Herrschaft über Ihr Leben wieder in die eigenen Hände nehmen. Enttäuschung und Unzufriedenheit sind die Folge. Paulus beschreibt diesen Zustand so:

„Denn ich weiß nicht, was ich tue. Denn ich tue nicht, was ich will; sondern was ich hasse, das tue ich. Wenn ich aber das tue, was ich nicht will, so gebe ich zu, daß das Gesetz gut ist. So tue nun nicht ich es, sondern die Sünde, die in mir wohnt. Denn ich weiß, daß in mir, das heißt in meinem Fleisch, nichts Gutes wohnt. Wollen habe ich wohl, aber das Gute vollbringen kann ich nicht! Denn das Gute, das ich will, das tue ich nicht; sondern das Böse, das ich nicht will, das tue ich. Wenn ich aber tue, was ich nicht will, so tue nicht ich es, sondern die Sünde, die in mir wohnt. ... Denn ich habe Lust an Gottes Gesetz nach dem inwendigen Menschen. Ich sehe aber ein anderes Gesetz in meinen Gliedern, das widerstreitet dem Gesetz in meinem Gemüt und hält mich gefangen im Gesetz der Sünde, das in meinen Gliedern ist. Ich elender Mensch! Wer wird mich erlösen von diesem todverfallenen Leibe? Dank sei Gott durch Jesus Christus, unsern Herrn!" (Römer 7,15-25).

Sorgen, Eifersucht, Mutlosigkeit, Kritiksucht und Bitterkeit sind Symptome, die auftreten, wenn Sie Ihr Leben selbst bestimmen. Machen Sie sich klar, daß diese Symptome Sünden sind, und stellen Sie sich auf die Verheißung in 1. Johannes 1,9: „Wenn wir aber unsre Sünden bekennen, so ist er treu und gerecht, daß er uns die Sünden vergibt und uns reinigt von aller Ungerechtigkeit." Danach dürfen Sie im Glauben die Gewißheit haben, daß der Heilige Geist Sie wieder erfüllt und beherrscht (vgl. Kolosser 2,6 und Epheser 5,18).

Denken Sie daran, daß Jesus Christus sich Ihnen nicht aufdrängt. Er wird nicht gegen Ihren Willen in Ihr Leben kommen und ebensowenig Ihr Leben bestimmen, wenn Sie es ihm nicht gestatten. Wenn Sie ihn allerdings einmal in Ihr Leben eingeladen haben, verspricht er, Sie nie mehr zu verlassen (vgl. Hebräer 13,5).

Sowohl das Christsein als auch die Ehe setzen eine bewußte Entscheidung voraus. Sie treffen die Entscheidung, sich mit Ihrer ganzen Person – mit Ihrem Verstand, Ihren Gefühlen und Ihrem Willen – einem anderen anzuvertrauen. Als ich DeWitt zum ersten Mal traf, gefiel mir vom Verstand her, was ich sah – das Aussehen, die Persönlichkeit und viele andere Eigenschaften. Aber zur Ehe gehört mehr als Achtung und Bewunderung. Als wir uns besser kennenlernten, wuchs Liebe. Wir verlobten uns, und endlich kam der Tag der Hochzeit. Ich hielt DeWitt für den wunderbarsten Mann der ganzen Welt. Was die Gefühle anging, so schlug mein Herz doppelt so schnell, wenn wir zusammenwaren. Aber es geschah noch etwas anderes. Indem wir uns vor dem Pfarrer das Jawort gaben, lieferten wir uns gegenseitig unseren Willen aus. Es war diese Hingabe unserer ganzen Persönlichkeit – Verstand, Gefühl und Wille – aneinander, die uns zu einem wirklichen Ehepaar machte. Das gleiche gilt für das Christsein. Durch eine bewußte Hingabe werden Sie zu einem Mitglied der Familie Gottes. Beide Entscheidungen tragen dazu bei, Sie zu einem vollständigen, erfüllten Frausein zu befähigen.

So wie Christus auf Ihre persönlichen Bedürfnisse eingeht, können Sie Ihrerseits auf die Bedürfnisse Ihres Mannes eingehen. In 1. Korinther 7,34 heißt es: „... die verheiratete Frau sorgt sich um die Dinge der Welt, wie sie dem Manne gefalle." Fangen Sie an, für Ihren Mann die Dinge zu tun, von denen Sie wissen, daß sie ihm gefallen. Nähen Sie ihm den Knopf an, von dem er schon so lange redet. Bereiten Sie das Essen rechtzeitig zu. Schauen Sie sich mit ihm zusammen ein Fußballspiel an. Backen Sie ihm seinen Lieblingskuchen, oder bringen Sie die Kinder dazu, ihre Fahrräder aus der Einfahrt zu räumen, bevor er nach Hause kommt. Setzen Sie es sich zum Ziel, die Wünsche Ihres Mannes an Sie und die Kinder zu erfüllen. Wenn Sie das tun, werden Sie erleben, wie Ihre eheliche Gemeinschaft eine ganz neue Qualität erlangt.

Den Ehemann nehmen, wie er ist

Das größte Geschenk Gottes ist eine persönliche Beziehung zu Jesus Christus. Für eine verheiratete Frau ist sein zweitgrößtes Geschenk ihre Ehe. Sie ist eine Gemeinschaft, die Gott geschaffen hat und die er in Ehren hält. Eine Frau, die so auf ihren Mann eingeht, wie Gott es vorsieht, darf wissen, daß Gott sie dafür segnet.

Die Ehe – wunderbares Geschenk oder Überraschungspaket?

Als Sie Ihr „Geschenk" entgegennahmen, dachten Sie vielleicht, es sei vollkommen. Als Sie nach dem Jawort anfingen, Ihr Päckchen auszupacken, stellte sich das Geschenk als Überraschung heraus. Vielleicht glauben Sie sogar, den Falschen geheiratet zu haben. Es ist wichtig, daß Sie eines verstehen: Auch wenn Sie nicht wußten, was für einen Mann Sie da heirateten – Gott wußte es!

Eine der wunderbaren Eigenschaften Gottes ist, daß er keine Fehler macht. Wenn Sie ihm vertrauen, wird er alle Dinge zu Ihrem Besten zusammenwirken lassen (vgl. Römer 8,28). Er kann gerade das, was Sie an Ihrem Mann am meisten stört, benutzen, um Sie in das Bild

Christi umzugestalten. Er möchte, daß Sie sich darauf einstellen, Ihr Leben lang das Geschenk zu genießen, das Sie zu ehren und zu lieben versprochen haben.

Was bedeutet Annehmen?

Sie können lernen, andere (einschließlich Ihres Mannes) anzunehmen, indem Sie darauf achten, wie Christus Sie annimmt. „Gott aber erweist seine Liebe zu uns darin, daß Christus für uns gestorben ist, als wir noch Sünder waren" (Römer 5,8). Gott liebt und akzeptiert Sie bedingungslos. Sie gehören ihm nicht nur für eine Probezeit. Bedingungslose Liebe und Annahme sollte dann auch die Grundlage Ihrer Ehe sein.

Manchmal erscheint es Ihnen vielleicht zuviel verlangt, Ihren Mann so anzunehmen, wie er ist. Aber ich garantiere Ihnen: Wenn Sie beginnen, ihn anzunehmen, wird Ihre Beziehung zu ihm mehr Tiefe gewinnen, weil Sie beide den nötigen Freiraum zum Reifen haben werden.

Wenn Sie Ihren Mann nehmen, wie er ist, werden Sie ihm die Freiheit geben, der Mann zu sein, der er sein will. Er wird frei sein, zu kommen und zu gehen, wie es ihm gefällt, und seine eigenen Entscheidungen zu treffen. Mit anderen Worten: Wahre Liebe läßt dem anderen Raum! Ihr Mann wird Sie herzlich lieben, wie er es tat, als er beschloß, Sie zu heiraten, wenn Sie diese Liebe nicht durch eine besitzergreifende Haltung ersticken.

Eine Pflanze braucht Wasser, Sonne, frische Luft und Platz für ihre Wurzeln, um zu wachsen und gesund zu sein. Ebenso braucht ein Mann bedingungslose Liebe, Freiheit und Annahme, um Sie so zu lieben und zu pflegen, wie Gott es will. Wenn Sie Ihren Mann bedingungslos lieben – ohne Forderungen und Drohungen –, werden Sie erleben, daß er von Ihnen angezogen wird wie Eisen von einem Magneten.

In 1. Korinther 13,4-7 finden wir eine wunderbare Beschreibung der wahren Liebe:

„Die Liebe ist langmütig und freundlich, die Liebe eifert nicht, die Liebe treibt nicht Mutwillen, sie bläht sich nicht auf, sie verhält sich nicht ungehörig, sie sucht nicht das Ihre, sie läßt sich nicht erbittern, sie rechnet das Böse nicht zu, sie freut sich nicht über die Ungerechtigkeit, sie freut sich aber an der Wahrheit; sie erträgt alles, sie glaubt alles, sie hofft alles, sie duldet alles."

Denken Sie daran, daß Sie selbst nicht in der Lage sind, so zu lieben; aber Jesus Christus kann durch Sie lieben, wenn Sie es ihm erlauben.

Ihre Erwartungen und die Wirklichkeit

Der Grund für Ihre Unzufriedenheit und Ihre Unfähigkeit, Ihren Mann anzunehmen, liegt in Ihren Erwartungen an ihn und darin, daß er Ihren Idealvorstellungen nicht entspricht. Wenn er Ihre Erwartungen nicht erfüllt, sind Sie vielleicht verletzt, verärgert oder enttäuscht. Sie und Ihr Mann werden nur dann zufrieden und frei sein können, wenn Sie damit aufhören, ihm Ziele zu setzen und von ihm zu erwarten, jemand zu sein, der er nicht ist.

Mary war geradezu eine Gefangene ihrer eigenen vorgefaßten Vorstellungen, wie ihr Mann sich zu verhalten habe. Sie war in einem Elternhaus aufgewachsen, in dem auf ordentliche Tischmanieren Wert gelegt wurde. Als ihr Mann Don sich zum ersten Mal im Unterhemd zu Tisch setzte und die Ellenbogen aufstützte, war sie entsetzt. Mit der Zeit entdeckte sie an ihm noch andere Gewohnheiten, die sie ungehobelt fand. Sie versuchte, ihn zu bessern, aber anstatt Don zu verändern, erreichte sie mit all ihrer Mühe nur, daß ihre Beziehung sich trübte.

Als Mary schließlich ihre Erwartungen an Gott abgab, verschwand die Spannung zwischen ihr und Don. Von nun an war sie dankbar, wenn ihr Mann ordentlich angezogen zu Tisch kam. Wenn seine Manieren nicht ihren Vorstellungen entsprachen, war sie nicht länger enttäuscht. In diesem Klima der Annahme fing Don an, von selbst mehr Wert auf Etikette zu legen.

Wenn Sie wie Mary von Ihrem Ehemann enttäuscht sind, dann liegt es vielleicht an Ihrer Erwartung, daß er für Sie jenes Bedürfnis erfüllt, das nur Christus erfüllen kann. Nehmen Sie Ihre Enttäuschung zum Anlaß, sich verstärkt an Christus zu wenden.

Den Ehemann ändern?

Vielleicht scheint es nur recht und billig zu sein, wenn Sie Ihrem Mann helfen, Einstellungen, Eigenschaften und Verhaltensweisen zu verändern, die ihn unglücklich machen. Aber Ihre wohlgemeinten Anstrengungen werden ihm nur signalisieren: „Ich liebe dich nicht so, wie du bist. Ich will, daß du anders wirst." Ein Mann wünscht sich, daß seine Frau stolz auf ihn ist, daß sie sich seiner nicht schämt. Es entmutigt ihn, wenn seine Frau diesen Stolz nicht hat. Die Fähigkeiten, die Gott ihm gegeben hat, um im Leben zu bestehen, werden erdrückt, statt sich frei entfalten zu können. Er kann kein gesundes, zufriedenes Leben führen, wenn er ständig unter Anklage steht. Ihre Absichten mögen über allen Zweifel erhaben sein, sie können dennoch ins Unheil führen. Gott sagt: „Manchem scheint ein Weg recht; aber zuletzt bringt er ihn zum Tode" (Sprüche 16,25).

Gott hat Ihnen nicht die Aufgabe gegeben, Ihren Mann der Sünde oder des Irrtums zu überführen. Das ist die Verantwortung des Heiligen Geistes (vgl. Johannes 16,8-11). Wenn Sie diese Aufgabe übernehmen, stehen Sie Gott nur im Weg und halten sein Werk auf. Sie sollen auch nicht die Mutter Ihres Mannes sein – ihn erziehen und belehren. Gute Absichten für seine Zukunft zu haben, reicht nicht aus. Sie müssen sich an die Grundsätze halten, die in Gottes Wort niedergelegt sind.

In einer Atmosphäre, in der man sich nicht angenommen fühlt, bricht die Kommunikation zusammen. Wenn Ihr Mann Ihnen erzählt, was er gesagt oder getan hat, dann sollten Sie ihn nicht kritisieren, ihm zeigen, was er falsch gemacht hat, oder ihm sagen, was er hätte tun sollen. Wenn Sie es doch tun, könnte er leicht den Schluß ziehen, daß es angenehmer sei, seine Gedanken für sich zu behalten, und aufhören, sich Ihnen mitzuteilen. Nur wenn er Ihrer völligen Annahme sicher ist, wird er Sie ins Vertrauen ziehen. Wenn Sie sein Vertrauen hochachten, wird er sich darauf verlassen können, daß Sie ihn nicht lächerlich machen oder herabsetzen werden. Wenn Sie seine Geheimnisse jemandem erzählen müssen, erzählen Sie sie Jesus Christus.

Sie, die Kritikerin

Wissen Sie, daß ungebetene Ratschläge nichts anderes sind als verschleierte Kritik? Ja, unaufgefordert Ratschläge zu erteilen, ist nur eine andere Form des Versuchs, Ihren Mann zu ändern. Eine Freundin von mir, Tammy, hatte aufgehört, ihren Mann Jack auf offensichtliche Weise bessern zu wollen. Trotzdem vertraute Jack sich ihr nicht rückhaltlos an, und Tammy fragte sich vergeblich nach dem Grund.

Als sie eines Tages zusammen im Auto unterwegs waren, begann er, ihr von einer seiner geschäftlichen Transaktionen zu erzählen. Tammy reagierte wie üblich mit Bemerkungen wie: „Ich hätte das so und so gemacht" oder „Warum hast du das nicht auf diese oder jene Art erledigt?"

Plötzlich sagte Jack nichts mehr. Als sie ihn schließlich bewegen konnte, ihr zu sagen, was nicht stimmte, sagte er: „Du bist niemals zufrieden oder einverstanden mit dem, was ich tue. Ich hätte gar nicht davon anfangen sollen."

Tammy hatte nicht bemerkt, daß ihre ungebetenen Ratschläge eigentlich Kritik an ihm darstellten. Sie hatte ihn wirklich nicht herabsetzen wollen. Traurig erkannte sie, daß ihre Ratschläge oder ihre verschleierte Kritik Jack signalisiert hatten, daß sie ihn nicht so annahm, wie er war.

Schauen wir uns an, was Jesus über Kritik zu sagen hatte:

„Richtet nicht, damit ihr nicht gerichtet werdet. Denn nach welchem Recht ihr richtet, werdet ihr gerichtet werden, und mit welchem Maß ihr meßt, wird euch zugemessen werden. Was siehst du aber den Splitter in deines Bruders Auge und nimmst nicht wahr den Balken in deinem Auge? Oder wie kannst du sagen zu deinem Bruder: Halt, ich will dir den Splitter aus deinem Auge ziehen?, und siehe, ein Balken ist in deinem Auge? Du Heuchler, zieh zuerst den Balken aus deinem Auge; danach sieh zu, wie du den Splitter aus deines Bruders Auge ziehst" (Matthäus 7,1-5).

Wenn Sie Ihren Mann oder jemand anders kritisieren, nehmen Sie leicht eine Haltung ein, die sagt: „Ich bin besser als du." Wäre es nicht klüger, Gott zu bitten, daß er Ihnen Ihre Fehler zeigt, und ihn mit Ihrem Mann so verfahren zu lassen, wie es ihm richtig erscheint? Machen Sie es sich zur Gewohnheit, immer dann, wenn Sie etwas an Ihrem Mann ändern möchten, Christus zu bitten, daß er Ihnen Ihre eigenen Fehler zeigt. Wenn Sie Jesu Rat befolgen, den anderen höher zu achten als sich selbst (vgl. Philipper 2,3), wird Ihre kritische, selbstgerechte oder märtyrerhafte Haltung verschwinden.

Versuchen Sie nicht, Ihren Mann zu verändern, indem Sie fordern, daß es nach Ihrem Kopf geht. Auch wenn Sie scheinbar einen Erfolg verbuchen können und er nachgibt, geschieht es vielleicht nur um des lieben Friedens willen. Mit der Zeit könnte Ihre dominierende Haltung die Liebe Ihres Mannes abkühlen lassen und schließlich ganz vernichten. Sie können vielleicht ein paar Schlachten gewinnen, aber den Krieg werden Sie verlieren. Der vorübergehende „Erfolg" ist es nicht wert, sich eine schöne, erfüllte Ehegemeinschaft zu verscherzen.

Der Muster-Ehemann von nebenan

Auch der Versuch, Ihren Mann zu ändern, indem Sie andere Männer als leuchtende Beispiele benutzen, funktioniert nicht. Vermeiden Sie es, auf den Nachbarn hinzuweisen, der seinen Vorgarten so schön in Ordnung hält, wenn Sie erreichen wollen, daß Ihr Mann sich um Ihren Vorgarten kümmert. Wenn Sie ihn an die teuren Kleider erinnern, die Bill für Jane gekauft hat, oder an die Geschicklichkeit, mit der Ihr Vater eine Situation gemeistert hat, rufen Sie ihm in Wirklichkeit laut und deutlich zu: „Ich bin mit dir, so wie du bist, nicht zufrieden!" Manipulation wird Ihren Mann nicht gerade ermuntern, Sie zu lieben und zu umsorgen.

Wenn Sie Ihren Mann nicht so annehmen, wie er ist, kann es sein, daß er rebelliert, wie der Verfasser der Sprüche andeutet: „Wind mit dunklen Wolken bringt Regen, und heimliches Geschwätz schafft saure Gesichter. Besser im Winkel auf dem Dache sitzen als mit einem zänkischen Weibe zusammen in einem Hause" (Sprüche 25,23-24). Es ist ganz natürlich, wenn ein Mann rebelliert. Er kämpft um seine Freiheit, der Mann zu werden, den Gott aus ihm machen will.

Möglicherweise ist Ihr Mann wütend und rebellisch geworden, obwohl sie nicht den Eindruck haben, daß Sie sich „zänkisch" verhalten. Bitten Sie Gott, Ihnen zu zeigen, auf welche Weise Sie vielleicht unwissentlich seine schlechte Laune verursacht haben. Wenn Christus Sie auf etwas Falsches in Ihrem Verhalten hinweist, bekennen Sie es als Sünde, und vertrauen Sie ihm, daß er durch Sie lebt und Sie verändert. Halten Sie sich vor Augen, daß er auch Ihre Fehler zu Ihrem Besten zusammenwirken lassen kann, wenn Sie seine Leitung suchen. Gott verspricht seinen Kindern: „Und ich will euch die Jahre erstatten, deren Ertrag die Heuschrekken, Käfer, Geschmeiß und Raupen gefressen haben, ... und mein Volk soll nicht mehr zuschanden werden" (Joel 2,25-26).

Den Ehemann annehmen – aber wie?

Gott hat einen Plan, durch den Sie lernen können, Ihren Mann anzunehmen. In Philipper 4,4.6-8 ist er klar umrissen:

„Freuet euch in dem Herrn allewege ...! Sorgt euch um nichts, sondern in allen Dingen laßt eure Bitten in Gebet und Flehen mit Danksagung vor Gott kundwerden! Und der Friede Gottes, der höher ist als alle Vernunft, bewahre eure Herzen und Sinne in Jesus Christus. ...Was wahrhaftig ist, was ehrbar, was gerecht, was rein, was liebenswert, was einen guten Ruf hat, sei es eine Tugend, sei es ein Lob – darauf seid bedacht!"

Der erste Schritt in Gottes Plan besteht darin, daß Sie alle Ihre Probleme in seine Hand legen. Ganz egal, was Ihnen Sorgen, Aufregung oder Ärger verursacht, Christus fordert Sie auf, es ihm zu sagen. Dann lassen Sie ihn daran arbeiten. Widerstehen Sie dem Impuls, wieder zu Ihrem Problem zurückzukehren, weil Ihnen vielleicht „noch etwas anderes eingefallen ist, das klappen könnte". Vertrauen Sie ihm, daß er eine Lösung schenkt. Wenn Sie das nicht tun, dann sagen Sie damit im Grunde: „Gott, du wirst mit meinem Problem nicht fertig!"

Machen Sie es nicht wie jener Mann, der mit einer schweren Last auf dem Rücken eine Straße entlangging. Ein Farmer hielt an, um ihn mitzunehmen. Der Mann stieg auf den Lastwagen, behielt aber seine Last auf dem Rücken. „Warum legen Sie nicht Ihren Rucksack auf der Ladefläche ab?" rief ihm der Farmer zu.

„Es war so nett von Ihnen, mich mitfahren zu lassen", antwortete der Mann, „da will ich Ihnen meine Last nicht auch noch aufbürden."

Was für ein Unsinn! Aber genau das tun Sie, wenn Sie

Jesus Christus nicht alle Ihre Lasten tragen lassen. Er starb für Sie und bezahlte für Ihre Sünden. Er bietet Ihnen den Sieg über jedes Problem an und freut sich darüber, wenn Sie diesen Sieg in Anspruch nehmen (vgl. 1. Korinther 10,13).

Wie können Sie Gott Ihre Lasten oder Probleme übergeben? Indem Sie mit ihm über sie reden. Das ist Gebet – sich einfach für Gott öffnen, in der Gewißheit, daß er Sie vollkommen versteht. Gott wird Ihnen seine Lösungen nicht aufzwingen, obwohl er der Herrscher des Universums ist. Statt dessen wartet er darauf, daß Sie zu ihm kommen, sich ihm mitteilen und um seine Hilfe bitten.

Da er die Dinge aus einer anderen Perspektive sieht und weiß, was für Sie am besten ist, sollten Sie ihm keine Grenzen ziehen, indem Sie ihm sagen, wann und wie er Ihre Gebete beantworten soll. Lassen Sie ihn Ihre Probleme zu seiner Zeit und nach seinem Plan lösen. Danken Sie ihm für die Antwort, und vertrauen Sie darauf, daß er das Beste tun wird.

Nachdem Sie Ihre Probleme Gott übergeben und ihm dafür gedankt haben, daß er sich ihrer annimmt, konzentrieren Sie sich auf alles, was Ihr Mann (falls Ihr Problem mit ihm zu tun hat) an reinen, ehrenvollen und lobenswerten Eigenschaften besitzt. Steht er jeden Morgen auf, egal wie er sich fühlt, und geht zur Arbeit? Danken Sie Gott. Ist er lieb und freundlich zu den Kindern? Danken Sie dem Herrn. Ist er kontaktfreudig? Seien Sie dankbar.

Wenn Ihnen nicht gleich positive Züge einfallen, erinnern Sie sich an die Eigenschaften, die Sie vor Ihrer Heirat an ihm anziehend fanden. Diese Züge stecken immer noch in ihm, auch wenn sie während der Jahre Ihrer Ehe verschüttet worden sein mögen. Konzentrieren Sie sich auf seine guten Eigenschaften, und seine Schwächen werden verblassen. Der Unterschied zu einer „Selbstentwicklung" durch positives Denken besteht darin, daß Sie von Gott erwarten, daß er Sie und Ihren Mann zum Positiven verändert, wenn Sie Gottes Plan folgen.

Wenn Schwächen umgeformt oder in die richtigen Bahnen gelenkt werden, können sie oft zu Stärken werden. Sturheit kann zur Beharrlichkeit werden. Feigheit läßt sich in Freundlichkeit verwandeln, Taktlosigkeit in Offenheit. Wenn Sie darauf vertrauen, daß Jesus Christus sich der Probleme Ihres Mannes annimmt, und Sie sich auf die positiven Eigenschaften Ihres Mannes konzentrieren, können Sie Ihrem Mann helfen, Schwächen in Stärken zu verwandeln.

Die Ergebnisse, die Sie erwarten dürfen, werden in Philipper 4,8 beschrieben. Sie werden Gottes Frieden erfahren, der jedes menschliche Verständnis übersteigt. Es ist eine tiefe innere Ruhe, die nicht von äußeren Umständen abhängig ist, sondern von Ihrer Beziehung zu Jesus Christus.

Man könnte es in folgender Formel ausdrücken: Übergabe der Probleme an Christus + Konzentration auf das Positive = Frieden.

Anwendung

Da Sie nun wissen, daß Sie Ihren Mann so annehmen sollten, wie er ist, versuchen Sie, diesen Grundsatz in Ihrer Ehe anzuwenden. Halten Sie Ausschau nach Gelegenheiten, Ihrem Mann zu sagen, daß Sie sich darüber freuen, daß er so ist, wie er ist. Sagen Sie ihm, daß Ihnen bewußt ist, daß Sie schon viel falsch gemacht haben und daß Sie das ändern möchten. Erklären Sie ihm, daß Sie erkennen, nicht die liebevolle, verständnisvolle, sich unterordnende Ehefrau gewesen zu sein, die Sie hätten sein sollen. Zeigen Sie Ihrem Mann durch Ihr Verhalten und durch Ihre Worte, daß Sie ihn so annehmen, wie er ist. Sie beide werden erfahren, welch große Freude und Freiheit darin liegt, Gottes Grundsätzen zu folgen.

Helfen Sie ihrem Mann, sich selbst anzunehmen

Jesus hat den Schlüssel zu Erfüllung und Zufriedenheit in Ihrem Leben gezeigt: „,Du sollst den Herrn, deinen Gott, lieben von ganzem Herzen und von ganzer Seele und von ganzem Gemüt.' Dies ist das höchste und größte Gebot. Das andere aber ist dem gleich: ,Du sollst deinen Nächsten lieben wie dich selbst'" (Matthäus 22, 37-39). Wenn Sie das erste Gebot in Ihrem Leben befolgen, können Sie auch das zweite umsetzen. Allerdings können Sie einen anderen Menschen nicht lieben, wenn Sie nicht zuerst sich selbst lieben. Sich selbst können Sie aber nur lieben, wenn Sie sich vom Standpunkt Gottes aus betrachten. In der Bibel werden Sie folgendes entdecken:

▷ Sie sind eine *wichtige* und *wertvolle* Person – so wertvoll, daß Jesus Christus bereit war, die Herrlichkeit des Himmels zu verlassen, Mensch zu werden, ein sündloses Leben zu führen, zu sterben und für Ihre Sünden zu bezahlen (vgl. 1. Petrus 1, 18-22).

▷ Sie gehören zur königlichen Familie, und Ihnen gehört das größte Erbe, das man sich vorstellen kann. Als Mitglied der Familie Gottes brauchen Sie sich niemals minderwertig zu fühlen.

▷ Wenn Sie ein Christ sind, nimmt Gott Sie so an, wie Sie sind.

▷ Er liebt Sie bedingungslos.

▷ Wenn Sie Christ sind, verspricht Gott, alle Ihre wahren Bedürfnisse zu befriedigen. „Mein Gott aber wird all eurem Mangel abhelfen nach seinem Reichtum in Herrlichkeit in Christus Jesus" (Philipper 4,19). Wenn Sie sich klarmachen, wer Sie in Christus sind, dürfen Sie von Gefühlen der Schuld und der Minderwertigkeit frei sein. Wenn Sie sich selbst lieben, können Sie Ihren Ehemann wirklich lieben und seine Bedürfnisse so befriedigen, wie Gott es will.

Eines dieser Bedürfnisse wird in Epheser 5,33 beschrieben: „Die Frau aber ehre den Mann." Ihr Mann hat ein starkes Bedürfnis danach zu wissen, daß Sie stolz auf ihn sind, daß Sie sich über ihn freuen und ihn bewundern.

Nichts wird ihm zu schwer sein, wenn er sich Ihrer liebevollen Unterstützung und Bewunderung sicher ist. Ein Kompliment wird ihn stimulieren und ermutigen; eine Klage dagegen wird ihn bedrücken und entmutigen.

Indem Sie das Bedürfnis Ihres Mannes nach Bewunderung erfüllen, helfen Sie ihm, sich selbst zu lieben. Er wird dann seinerseits in der Lage sein, Sie zu nähren, zu schützen und zu pflegen, wie es in Epheser 5, 28-29 beschrieben ist: „So sollen auch die Männer ihre Frauen lieben wie ihren eigenen Leib. Wer seine Frau liebt, der liebt sich selbst. Denn niemand hat je sein eigenes Fleisch gehaßt; sondern er nährt und pflegt es, wie auch Christus die Gemeinde."

Das Wissen, daß Gott Sie und Ihren Mann unterschiedlich geschaffen hat, damit sie einander ergänzen, sollte Sie anspornen, sein Bedürfnis nach Lob und Bewunderung zu befriedigen. Denken Sie daran: Allein ist jeder von Ihnen unvollständig, erst zusammmen ergeben Sie ein Ganzes. Das Bedürfnis Ihres Mannes nach

Bewunderung wird durch Ihr aufrichtiges Lob befriedigt. Seine Liebe und Kraft wiederum sollten Ihr Bedürfnis nach Zärtlichkeit und Geborgenheit stillen. Ihr Einfühlungsvermögen ergänzt seine Klugheit. Ihre treue Unterstützung gibt seinem Unternehmungsgeist Rückhalt. Wenn Sie und ihr Mann diese Fähigkeiten gebrauchen, um einander zu stärken, wird Ihr Eheglück Bestand haben.

Eine weitere Motivation gewinnen Sie, wenn Sie Ihre Rolle in der Ehe so verstehen, wie es in 1. Korinther 11,7 geschildert wird: „Der Mann aber soll das Haupt nicht bedecken, denn er ist Gottes Bild und Abglanz; die Frau aber ist des Mannes Abglanz." Wenn ein Mann Jesus Christus erlaubt, sein Leben durch die Kraft des Heiligen Geistes zu bestimmen, werden die Eigenschaften Christi durch ihn sichtbar, und er spiegelt Gottes Ehre wider. Seine Frau dagegen soll die Ehre ihres Mannes widerspiegeln. Das tut sie, indem sie die Aufmerksamkeit auf seine guten Eigenschaften lenkt, ihn lobt, ehrt und auszeichnet.

Möglicherweise brauchen Sie Hilfe dabei, an Ihrem Mann Eigenschaften, Interessen oder Stärken zu entdecken, die Sie aufrichtig bewundern können. Sie werden begeistert sein, wenn Sie Dinge über ihn herausfinden, die Sie jahrelang übersehen haben. Wie können Sie diese verborgenen Qualitäten aufspüren?

Beobachten Sie Ihren Mann

Wollen Sie einen männlichen Ehemann, dann loben Sie ihn lieber für seine körperliche Stärke und die Leichtigkeit, mit der er schwierige Dinge erledigt – zum Beispiel fest verschlossene Gefäße öffnet, Möbel umstellt, den Rasen mäht, mit schweren Geräten umgeht – als für leichtere Aufgaben, die als „Frauenarbeit" gelten. Zeigen Sie ihm, daß Sie es zu schätzen wissen, wenn er eine der rund ums Haus anfallenden Arbeiten erledigt, anstatt zu sagen: „Na, es wurde auch Zeit!"

Ihre Anerkennung und Dankbarkeit müßte ihn nach und nach anspornen, derartige Arbeiten zu erledigen, auch wenn er vorher nicht dazu bereit war. Aber lassen Sie sich nicht entmutigen, wenn Sie das erste Mal sagen: „Hast du aber starke Arme!" und er nur antwortet: „Deine wären auch stark, wenn du sie ab und zu benutzen würdest!" Vielleicht hat er eine Mauer um sich gezogen, weil ihm Ihre Anerkennung in der Vergangenheit fehlte. Geben Sie ihm Zeit.

Geben Sie ihm Lob und Anerkennung für seinen Mut, sein Ehrgefühl, seine Entschlossenheit, seine Klugheit und Intelligenz, seine Verdienste und Fähigkeiten, seine Führungsqualitäten, seine Ziele und Ideale. Haben Sie ihm in letzter Zeit einmal für die vielen Stunden gedankt, die er damit zubringt, den Lebensunterhalt für die Familie zu verdienen? Durch die Treue, mit der er für Sie sorgt, beweist er lobenswerte Eigenschaften wie Verläßlichkeit und Verantwortungsbewußtsein.

Loben Sie ihn dafür, wie er hinter seinen Überzeugungen steht, wenn er Entscheidungen für die Familie und den Haushalt trifft. Möglicherweise sind Sie mit seinen Entscheidungen nicht immer einverstanden, aber Sie können dennoch Bewunderung für den Mut zeigen, mit dem er zu ihnen steht. Würdigen Sie seine Entschlossenheit, wenn er seine Ziele erreicht. Vielleicht haben Sie diese Entschlossenheit bisher Sturheit genannt. Wenn Sie sie als eine gute Eigenschaft betrachten, kann Gott Sie gebrauchen, um sie in seinem Sinne umzuwandeln. Vergessen Sie nicht, Gott zu bitten, daß er Ihnen Wege zeigt, wie Sie bewußt Bewunderung für Ihren Mann zeigen können.

Das sind nur ein paar Vorschläge für den Anfang. Nun noch eine Mahnung zur Vorsicht: Beginnen Sie behutsam, indem Sie Christus vertrauen, daß er Sie auf

Eigenschaften Ihres Mannes aufmerksam macht, die Sie *aufrichtig* loben können. Sonst kann Ihr Verhalten unecht wirken.

Wenn Sie einen Sohn haben, vergessen Sie nicht, auch ihn für seine männlichen Eigenschaften und Fähigkeiten zu loben. Indem Sie ihn auf kluge Weise ermutigen, helfen Sie ihm, sich zu einem Mann zu entwickeln, der sich selbst und die Rolle, die Gott ihm zugedacht hat, besser versteht.

Achten Sie darauf, daß Sie Ihre Männer aus der richtigen Motivation heraus loben. Wenn Sie es nur tun, um sie besser manipulieren oder verändern zu können, werden sie denken, Sie wollten ihnen schmeicheln oder sie einwickeln. Bitten Sie Gott um eine reine Motivation, und nehmen Sie diese im Glauben in Anspruch.

Hören Sie ihm zu

Schenken Sie Ihrem Mann Ihre ungeteilte Aufmerksamkeit, auch wenn er von Dingen spricht, die Sie nicht verstehen oder für die Sie sich nicht interessieren. Sie werden dabei eine Menge über ihn erfahren. Sie werden herausfinden, wie er über bestimmte Menschen und Situationen denkt. Sie werden sogar edle, reife Dimensionen seines Charakters entdecken, die Ihnen bisher nie aufgefallen sind.

Viele von uns Ehefrauen kennen ihre Männer überhaupt nicht, weil sie selbst zu lange reden, statt ihnen zuzuhören. Die Schrift sagt: „Eine Frau lerne in der Stille mit aller Unterordnung" (1. Timotheus 2,11).

Interessieren Sie sich für die Dinge, die er mag

Wenn Sie mit einem Sportler verheiratet sind, dann eignen Sie sich genug Wissen über seinen Lieblingssport an, um sich mit ihm darüber unterhalten zu können.

Deshalb brauchen Sie kein Experte zu werden. Er wird Ihnen gerne manches selbst beibringen, wenn Sie Interesse zeigen. Vielleicht werden Sie das jetzt nicht glauben, aber wenn Sie erst einmal ein wenig über seine Interessen wissen, sei es nun Sport oder ein anderes Hobby, werden sie höchstwahrscheinlich auch Ihnen Spaß machen.

Nur nicht entmutigen lassen!

Am Anfang kann es sein, daß Sie sich ausgesprochen dumm dabei vorkommen, Ihren Mann zu loben. Aber wenn Sie an sein Bedürfnis denken und im Glauben weitermachen, werden Sie merken, daß die Lobesworte reichlicher und leichter fließen. Sie werden wahrscheinlich sogar feststellen, daß es *Ihnen* ebensoviel Freude macht, *ihn* zu loben, wie *ihm*, gelobt zu werden.

Viele Frauen haben den Eindruck, ihre Männer seien ohnehin schon zu egozentrisch, und befürchten, sie würden noch eingebildeter, wenn man ihnen auch noch offene Bewunderung zeigte. Tatsächlich wird das Gegenteil eintreten. Wenn ein Mann sich unentwegt selbst beweihräuchert, liegt es im allgemeinen daran, daß er sich unsicher fühlt und sich selbst und Sie davon überzeugen will, daß er ein Prachtkerl ist.

Die Angeberei ist sein Versuch, sein Ego zu unterpolstern. Schenken Sie ihm Ihre Aufmerksamkeit und Ihr Lob, und bald wird er beginnen, an sich selbst zu glauben, und das Prahlen nicht mehr nötig haben. Sollte er wirklich egozentrisch sein, ist es nicht Ihre Aufgabe, ihn darin zu bessern, sondern ihn zu unterstützen und zu ermutigen. Beten Sie für ihn, und vertrauen Sie Gott sein Problem an.

Nachdem sie diese Gedanken in die Tat umgesetzt hatte, sagte Carol begeistert: „Ich kann es gar nicht fassen, wie mein Mann das aufsaugt! Gestern mittag blieb er eineinhalb Stunden zum Essen zu Hause, anstatt wie sonst dreißig Minuten. Ich dachte schon, er würde überhaupt nicht mehr zur Arbeit gehen." Lachend fuhr sie fort: „Wenn das so weitergeht, komme ich zu überhaupt nichts mehr!" Natürlich genoß sie seine Aufmerksamkeit genauso wie er ihre Bewunderung.

Wenn Sie darauf vertrauen, daß Jesus Christus Ihnen hilft, Ihren Mann zu verstehen, werden Sie angenehm überrascht entdecken, was für einen wunderbaren Mann Sie geheiratet haben. Vielleicht merken Sie zum ersten Mal, daß er Ihnen die ganze Zeit über seine Liebe gezeigt hat. Sie haben es vielleicht nur nicht als Liebe erkannt, weil er sie nicht immer auf zärtliche, gefühlvolle Weise zeigte.

Vielleicht räumt er nach einem Streit die Küche auf, oder er neckt Sie ständig, oder er hat Ihnen dieses kleine Schränkchen gebaut, das Sie schon immer haben wollten, oder sogar den Boden neben der Garage umgegraben, damit Sie dort Rosen pflanzen können. Zwingen Sie Ihren Mann nicht, seine Liebe auf die gleiche Art zu zeigen wie Sie. Nehmen Sie diese liebevollen Gesten, und wenn es nur die ständigen Neckereien sind, als seine Art zu sagen, daß er Sie liebt.

Wenn es Ihnen schwerfällt, an Ihrem Mann bewundernswerte Eigenschaften zu entdecken, dann gehen Sie im Glauben davon aus, daß sie dennoch vorhanden sind, auch wenn sie vielleicht noch geweckt werden müssen. „(Die Liebe) erträgt alles, sie glaubt alles, sie hofft alles, sie duldet alles" (1. Korinther 13,7). Ihr unerschütterlicher Glaube an ihn wird seine positiven Züge offenlegen. Drängen Sie ihn nicht – glauben Sie nur an ihn, und Sie werden erleben, wie Ihre Beziehung zu Ihrem Mann tiefer und enger wird.

Ihre Belohnung

Haben Sie den Eindruck, daß diese Art der ehelichen Gemeinschaft ganz und gar einseitig ist, daß Ihr Mann alle Vorteile auf seiner Seite hat? Nun, Sie dürfen aufatmen. Wenn Sie Gottes Plan für Ihr Leben folgen, werden Sie dreifach belohnt. Die erste Belohnung ist die Anerkennung und Liebe, mit der Ihr Mann auf Ihre liebevolle Bewunderung reagieren wird. Gottes Wort lehrt: „Denn was der Mensch sät, das wird er ernten" (Galater 6,7). Ihre liebevolle Geduld und Freundlichkeit wird das Höchste und Beste in Ihrem Mann zum Vorschein bringen. Das ist der Mühe wert.

Natürlich ist jeder Mann anders. Der eine reagiert schnell und liebevoll auf die Anläufe seiner Frau. Der andere kann weder schnell noch leicht reagieren. Es ist Ihre Aufgabe, geduldig und in liebevoller Unterordnung auf Gott und Ihren Mann einzugehen. Das Leben Ihres Mannes zu verändern, ist Gottes Sache. Vertrauen Sie Gott, daß er allen Schaden wiedergutmachen wird, den Ihre Ehe erlitten hat, weil Sie bisher nicht zugelassen haben, daß Jesus Christus Ihr Leben bestimmt. Wenn Sie jahrelang die Saat der Bitterkeit, der Eifersucht und der Selbstsucht gesät haben, kann es sein, daß Gott eine Weile braucht, um das Unkraut zu jäten.

Versuchen Sie jedoch, ehrlich und objektiv zu sein. Laden Sie sich keine Verantwortungen auf, die Ihr Mann allein tragen muß. Machen Sie sich klar, daß es in seinem Leben Bedürfnisse gibt, die Sie nicht befriedigen können, etwa sein Bedürfnis, Christus in seinem Leben Herr sein zu lassen, oder sein Bedürfnis nach Achtung und Anerkennung von anderen Menschen in Beruf und Gesellschaft. Ihre Hauptaufgabe ist es, Ihren Mann zu trösten, zu ermutigen und zu unterstützen, wenn er bei Ihnen ist.

Zweitens wird Jesus Christus Ihnen inneren Frieden

und Ausgeglichenheit schenken, wenn Sie Ihr Leben darauf ausrichten, ihm zu gefallen und zu gehorchen und nicht sich selbst zu Gefallen zu leben (vgl. Römer 8,5-6). Wenn Sie Ihren Mann annehmen, wie er ist, ihn bewundern und sich um Ihren Haushalt kümmern, weil Christus es so möchte, werden Sie nicht gleich zehn Zentimeter über dem Boden schweben, wenn Ihr Mann Sie für Ihre Anstrengungen lobt. Es entmutigt Sie auch nicht, wenn er versäumt, Sie für eine gut getane Arbeit zu loben. Sie wissen, daß Christus für die Folgen Ihres Gehorsams ihm gegenüber verantwortlich ist. „Ich bin darin guter Zuversicht, daß der in euch angefangen hat das gute Werk, der wird's auch vollenden bis an den Tag Christi Jesu" (Philipper 1,6).

Wenn Sie zum Beispiel im Haus saubermachen, nur um das Lob Ihres Mannes zu hören, und alles, was er sagt, ist: „He, du hast die Spinnwebe dort in der Ecke übersehen", dann ist Ihr Tag gelaufen. Aber wenn Sie in erster Linie darum saubermachen, um dem Herrn zu gefallen, kann Sie das nicht so verletzen.

Drittens werden Sie ewigen Lohn erhalten, wenn Sie Christus in allen Belangen vertrauen und gehorchen. „Alles, was ihr tut, das tut von Herzen als dem Herrn und nicht den Menschen, denn ihr wißt, daß ihr von dem Herrn als Lohn das Erbe empfangen werdet. Ihr dient dem Herrn Christus!" (Kolosser 3,23-24).

Wenn Sie in Versuchung sind, das Handtuch zu werfen, denken Sie daran, daß Sie sowohl irdischen als auch ewigen Lohn empfangen werden, wenn Sie treu auf Christus vertrauen. „Wird jemandes Werk bleiben, ... so wird er Lohn empfangen" (1. Korinther 3,14).

Einmal in meinem Leben brauchte es nicht weniger als diesen Gedanken des ewigen Lohns, um mich dazu zu bewegen, eine Sünde zu bekennen. Ich war auf eine bestimmte Person sehr wütend und zerriß sie mit Worten in tausend Stücke – und ich genoß es. Mir war klar, daß ich falsch handelte und daß ich damit rechnen mußte, daß Christus mich züchtigen würde, wenn ich meine Sünde nicht bekannte (vgl. Hebräer 12,6). Aber meine Haltung war: „Vorher möchte ich noch ein paar Dinge loswerden!"

Nach einiger Zeit machte mir Gott bewußt, daß meine sündige Einstellung mir jetzt Leiden verursachte und daß ich meinen ewigen Lohn aufs Spiel setzte (vgl. 1. Korinther 3,11-15). Mehr war nicht nötig, um mir klarzumachen, daß ich den hohen Preis der Sünde nicht bezahlen wollte.

Sie werden es nicht bereuen, Jesus Christus zu vertrauen. Wenn Sie nach seinem Plan leben, dürfen Sie den größten Segen erwarten, sowohl für Sie selbst als auch für Ihren Mann.

Der erste Platz
in Ihrem Leben

Um Ihre Rolle als Ehefrau richtig ausfüllen zu können, müssen Sie verstehen, welchen Platz Ihr Mann nach dem Willen Gottes in Ihrem Leben einnehmen soll. In Epheser 5,24 sehen wir, daß die Beziehung zwischen Mann und Frau eine Parallele zu der Beziehung zwischen Christus und der Gemeinde darstellt. „Aber wie nun die Gemeinde sich Christus unterordnet, so sollen sich auch die Frauen ihren Männern unterordnen in allen Dingen." Als Gläubige sind Sie völlig abhängig von Jesus Christus; ohne ihn könnten Sie keinen Augenblick existieren. Wenn Jesus in Ihrem inneren, geistlichen Leben den ersten Platz einnimmt, wird er Sie in die Lage versetzen, Ihrem Mann die erste Stelle unter Ihren menschlichen Beziehungen und Aktivitäten einzuräumen.

Es wird das Selbstvertrauen Ihres Mannes stärken, wenn er sicher sein kann, daß er die erste Rolle in Ihrem Leben spielt; er wird dann besser in der Lage sein, sich in der Welt zu behaupten. Wurde er etwa in einem Geschäft übervorteilt, so wird er nicht so sehr darunter leiden, wenn er in den Hafen seines Heims zurückkehren kann, wo Sie ihn annehmen, bewundern und unterstützen.

Vergessen Sie jedoch nicht, daß Ihr Mann Ihre *Unterstützung* braucht, nicht Ihren *Schutz*. Unabhängigkeit, Mut und Selbstvertrauen kann er nur entwickeln, wenn er sich seinen Problemen stellt und an ihnen arbeitet – mit Ihrer Unterstützung, nicht unter Ihrem Schutz oder Ihrer Dominanz. Wenn Sie versucht sind, ihn zu bemitleiden, dann denken Sie daran, daß die meisten Männer erst unter der Herausforderung, für ihre Familien zu sorgen und sie zu schützen, richtig gedeihen – nicht unter der Fürsorge und dem Schutz anderer.

Als Sie heirateten, wurden Ihr Mann und Sie eins, Sie wurden „ein Fleisch" (vgl 1. Mose 2,24). Nun würde niemand sich selbst absichtlich Verletzungen zufügen. Und doch verletzen Frauen oft unabsichtlich ihre Ehemänner – ihr eigenes Fleisch. Je mehr Sie in Gottes Wort forschen, die Grundsätze studieren, um die es in diesem Buch geht, und Ihr Leben von Jesus Christus bestimmen lassen, desto mehr wird er Sie fähig machen, Ihren Mann zu lieben wie sich selbst. Er wird Sie darauf aufmerksam machen, wo Sie Ihren Mann vielleicht verletzen. Vertrauen Sie Gott, daß er Ihnen helfen wird, schädliche Haltungen abzulegen. Dann werden Sie zu einem Segen für Ihren Mann werden, wie Gott es in Sprüche 18,22 ausdrückt: „Wer eine Ehefrau gefunden hat, der hat etwas Gutes gefunden und Wohlgefallen erlangt vom HERRN." Daß wir in der Lage sind, die Bedürfnisse unserer Männer zu erfüllen, ist ein großes Vorrecht!

Was Sie vermeiden sollten

Illoyalität

Wenn Sie in der Bibel nachforschen, werden Sie entdekken, daß bestimmte Haltungen und Verhaltensweisen nicht mit dem Plan Gottes für Sie vereinbar sind. Dazu gehört Illoyalität gegen Ihren Mann. Wenn Sie Ihren

Mann lieben wie sich selbst, werden Sie sich loyal hinter ihn stellen, ob er nun anwesend ist oder nicht. „Liebe ist weder verletzend noch auf sich selbst bedacht, weder reizbar noch nachtragend. Sie freut sich nicht am Unrecht, sondern freut sich, wenn die Wahrheit siegt. Diese Liebe erträgt alles, sie glaubt alles, sie hofft alles und hält allem stand" (1. Korinther 13,5-7 HfA).

Loyal zu sein bedeutet, daß Sie jede kritische Grundeinstellung, die Sie Ihrem Mann gegenüber haben, als Sünde bekennen und ablegen. Lassen Sie sich von Jesus Christus zeigen, wie Sie sich gut und positiv statt negativ über ihn äußern können. Eine kritische, unfreundliche Haltung kann Ihren Mann genauso verletzen wie ein Schlag ins Gesicht, besonders in Gegenwart anderer.

Selbst durch Kritik an jemand anders als Ihrem Mann können Sie sich seinen Respekt und sein Vertrauen verscherzen. Zweifellos zu Recht wird er sich sagen, daß Ihre kritische Haltung nicht vor bestimmten Menschen haltmacht, sondern alle Ihre Beziehungen beeinflußt.

Vielleicht hilft es Ihnen, wenn Sie sich klarmachen, daß häufig gerade jene Fehler Sie an anderen besonders stören, mit denen Sie selbst zu kämpfen haben. Gerade darum stören diese Fehler Sie so. Christus sagte: „Richtet nicht, damit ihr nicht gerichtet werdet. Was siehst du aber den Splitter in deines Bruders Auge und nimmst nicht wahr den Balken in deinem Auge?" (Matthäus 7,1.3). Und der Apostel Paulus schrieb: „Darum, o Mensch, kannst du dich nicht entschuldigen, wer du auch bist, der du richtest. Denn worin du den andern richtest, verdammst du dich selbst, weil du ebendasselbe tust, was du richtest" (Römer 2,1).

Selbstsucht

Vermeiden Sie es unbedingt, Ihrem Mann das Gefühl zu geben, er komme erst an letzter Stelle. Nachdem Sie Stunden damit verbracht haben, für ihn zu waschen, zu putzen und zu kochen, halten Sie sich vielleicht für die Selbstlosigkeit in Person. Aber nach wessen Wünschen richten Sie sich, wenn Sie eine Einladung zum Abendessen annehmen oder ablehnen? Wessen Vorlieben und Abneigungen berücksichtigen Sie, wenn Sie eine Mahlzeit vorbereiten? Für wen erledigen Sie Dinge zuerst? Wenn Sie für Ihren Mann Kleidung kaufen, wählen Sie dann das aus, was Sie mögen, oder das, wovon Sie wissen, daß es ihm gefällt?

Planen Sie Ihre Tätigkeiten so, daß Sie aufhören und sich zu ihm setzen können, wenn er von der Arbeit kommt und sich unterhalten möchte? Denken Sie daran, daß er sofort merkt, wenn Sie ihm nicht Ihre ganze Aufmerksamkeit schenken. Ihr uninteressierter Gesichtsausdruck, Ihr Blick auf die Uhr oder aus dem Fenster, Ihr Gähnen wird Sie verraten, wenn Ihre Anteilnahme nicht aufrichtig ist.

Eifersucht

Auch vor Eifersucht sollten Sie sich hüten, wenn Sie Ihren Mann so lieben wollen wie sich selbst. Eifersucht verrät Ihrem Mann, daß Sie sich selbst mehr lieben als ihn, weil es Ihnen mehr darum geht, was *Sie* glücklich macht, als darum, was *ihn* glücklich macht. Eifersucht ist nichts anderes als das Nein zu den Dingen, die er ohne Sie genießt. Vielleicht ist Ihnen der Abend, den er mit Freunden in der Stadt verbringt, seine zeitraubende Berufstätigkeit oder eine andere Aktivität oder Person ein Dorn im Auge. Wenn Sie ihn aber lieben wie sich selbst, werden Sie ihm die Freiheit geben, alle Dinge zu genießen, die ihm Freude machen.

„Aber was ist, wenn ich ihn verliere?" fragen Sie jetzt vielleicht. Diese Sorge ist normal. Aber vergessen Sie nie, daß Sie Jesus Christus gehören. Vertrauen Sie ihm Ihre Befürchtungen an, und er wird dafür sorgen, daß Sie nicht zu kurz kommen. Wenn Sie Gott bitten, Ihnen die Eifersucht zu nehmen, und auf seine Hilfe vertrauen, werden Sie die Liebe Ihres Mannes gewinnen und nicht verlieren.

Wenn Sie Ihren Mann allerdings unaufhörlich kontrollieren wollen, müssen Sie damit rechnen, daß dies Ihre Beziehung belasten wird. „Denn Eifersucht erweckt den Grimm des Mannes ..." (Sprüche 6,34).

In Sprüche 14,30 finden wir das Geheimnis einer gesunden Beziehung zwischen Mann und Frau: „Ein gelassenes Herz ist des Leibes Leben; aber Eifersucht ist Eiter in den Gebeinen."

Nachdem sie diese Ausführungen über Eifersucht gehört hatte, wurde sich Sandy darüber klar, daß ihre Eifersucht eine der Hauptursachen dafür war, daß ihr Mann sie verlassen und um Scheidung gebeten hatte. Sofort ging sie daran, ihre Beziehung zum Herrn in Ordnung zu bringen, indem sie ihm ihre Eifersucht, Bitterkeit, Streitlust und Rachsucht als Sünde bekannte. Obwohl ihr Mann sie verlassen hatte, vertraute sie dem Herrn die Situation an und verließ sich darauf, daß er sich ihrer Sache annehmen würde.

Während sie von Augenblick zu Augenblick ihr Vertrauen auf Gott setzte, gewann ihr Leben eine neue Stabilität, die sich in einer ruhigen und freundlichen inneren Verfassung ausdrückte. Bei den wenigen Anlässen, zu denen ihr Mann nach Hause kam, begann sie, ihm zu zeigen, daß sie ihn so akzeptierte, wie er war. Sie bewunderte ihn, anstatt ihn zu kritisieren, und ließ ihm die Freiheit, zu tun, was er wollte, und so zu sein, wie er wollte. Mit anderen Worten, sie machte die Zeit, die sie miteinander verbrachten, für beide angenehm.

Nach wenigen Wochen kehrte er nach Hause zurück. Mit der Zeit ging er dazu über, sogar an seinem freien Tag den ganzen Tag über zu Hause zu bleiben – ein bemerkenswerter Fortschritt. Dann, als sie eines Tages im Garten zusammensaßen und sich unterhielten, sagte er: „Es ist einfach herrlich, mit dir zusammenzusein!"

Herrschsucht

Schließlich sollten Sie Ihrem Mann nicht sagen, wie er sein Leben zu gestalten hat. Wenn er mit Ihnen über seine Probleme spricht, dann antworten Sie ihm nicht so, wie Sie es sich umgekehrt von ihm wünschen würden. Im allgemeinen wollen wir Frauen, wenn wir Probleme haben, von unseren Männern die Lösungen hören. Wir sind erleichtert, wenn sie unsere Probleme entweder aus der Welt schaffen oder lösen. (Übrigens sollten Sie Ihren Mann nur dann bei einem Problem um Hilfe bitten, wenn Sie auch bereit sind, seinen Rat oder seine Lösung anzunehmen!)

Wenn Ihr Mann dagegen ein Problem hat, dann braucht er nicht Ihre Lösungen. Was er braucht, ist, daß Sie ihm zuhören, Anteil nehmen und sein Selbstbewußtsein wiederherstellen, indem Sie ihn ermutigen, seine eigene Entscheidung zu treffen. Mit anderen Worten, Sie sollten seinen Glauben an sich selbst stärken, damit er die Freiheit gewinnt, durch seine gottgegebenen männlichen Fähigkeiten die Situation zu bewältigen.

Vorsicht vor falschen Prioritäten!

Wenn Sie Ihre verschiedenen Tätigkeiten um Ihren Mann als Mittelpunkt gruppieren, werden Sie einen glücklichen Mann und ein ausgeglichenes Leben haben – anders gesagt, Sie werden so zufrieden und erfüllt sein, wie Sie es sich nur wünschen können. Wenn Sie Ihrem Mann den richtigen Platz einräumen, wird er eher bereit sein, Ihnen Freiraum für andere Interessen und Tätigkeiten zu geben, solange seine eigene Position dadurch nicht gefährdet wird. Viele Männer verhalten sich besitzergreifend und despotisch, weil sie glauben, sich ihrer männlichen Rolle oder ihrer Position im Leben ihrer Frauen nicht sicher sein zu können.

Das richtige Gleichgewicht können Sie sich wie ein Wagenrad vorstellen. Wenn Ihr Mann die Nabe Ihrer Aktivitäten bildet und die Speichen (Ihre Lebensbereiche) im richtigen Verhältnis zueinander stehen, dann wird das Rad (Ihr Leben) sanft und gleichmäßig rollen. Geraten die Speichen aber aus ihrem Ebenmaß, dann holpert das Rad oder bricht sogar unterwegs auseinander. Das Problem liegt nicht unbedingt in einer der Speichen oder Aktivitäten selbst, sondern in deren Ungleichmäßigkeit.

Hausarbeit

Obwohl Hausarbeit an sich etwas Gutes ist, kann sie leicht aus der Balance geraten und zum beherrschenden Faktor Ihres Lebens werden. Eine Frau, die ihr Haus gerne in tadellosem Zustand hält, besteht vielleicht darauf, daß ihr Mann die Schuhe auszieht, bevor er ihren frisch polierten Fußboden betritt. Oder sie gestattet ihm nicht, auf dem Sofa zu sitzen – er könnte ja die Kissen zerdrücken. Statt ihres Mannes nimmt ihr Haus den ersten Platz in ihrem Leben ein.

Andererseits sehen die Wohnungen mancher Frauen aus, als sei ein Wirbelsturm hindurchgebraust – wo man hinschaut, ein heilloses Durcheinander. Auch so kann man Jesus Christus keine Ehre machen. In 1. Korinther 14,33 wird uns gesagt, daß Gott kein Gott der Unordnung, sondern des Friedens ist. Es gilt also, zwischen beiden Extremen das Gleichgewicht zu halten. Das Heim eines Mannes sollte für ihn ein geschützter Hafen sein, ein Ort, wo er sich entspannen und er selbst sein kann. Er sollte dort Behaglichkeit und Frieden finden.

Kinder

Kinder sollen Ihnen ein Segen sein. „Siehe, Kinder sind eine Gabe des HEERN, und Leibesfrucht ist ein Geschenk. Wie Pfeile in der Hand eines Starken, so sind die Söhne der Jugendzeit. Wohl dem, der seinen Köcher mit ihnen gefüllt hat! Sie werden nicht zuschanden, wenn sie mit ihren Feinden verhandeln im Tor" (Psalm 127,3-5).

Wenn Sie allerdings Ihre Kinder an die erste Stelle setzen, werden sie Ihnen und Ihrem Mann nicht die Freude machen, die Gott Ihnen durch sie schenken wollte. Die Versuchung ist groß, die Aktivitäten und Bedürfnisse Ihrer Kinder zum Mittelpunkt Ihres Lebens zu machen und Ihren Mann zu vernachlässigen. Es liegt so nahe, zu denken: „Nun, schließlich ist er erwachsen und kann für sich selbst sorgen. Meine Kinder sind noch klein und brauchen mich so dringend." Aber vergessen Sie nicht, daß Gott die Frau erschuf, weil der Mann sie brauchte. Die Beziehung zwischen Ihnen und Ihrem Mann ist bestimmt, bis zum Tode fortzudauern. Ihre Kinder werden nur für kurze Zeit bei Ihnen sein.

Das soll nicht heißen, daß Sie Ihre Kinder vernachlässigen sollen. Wenn Ihre Prioritäten stimmen, dann werden Sie feststellen, daß Sie für beides genug Zeit haben. Ihre Familie wird eine geschlossenere Einheit bilden. Ihre Kinder fühlen sich geborgen, wenn sie spüren, daß ihre Eltern sich lieben, und Ihr Mann wird nicht auf den Gedanken kommen, die Kinder machten ihm seinen Platz in Ihrem Leben streitig. Auch für Ihre Kinder ist es das beste, wenn Ihr Mann die Nabe Ihres Lebens ist.

Äußere Erscheinung

Ihre äußere Erscheinung ist ein weiteres Gebiet, an dem Ihr Mann ablesen kann, wie wichtig er Ihnen ist. Denken Sie daran, daß er an seiner Arbeitsstelle vielleicht anziehenden, gepflegten Frauen begegnet, die ihn daran erinnern, daß er eine Frau braucht. Er beeilt sich, nach Hause zu seiner Frau zu kommen, öffnet voller Erwartung die Tür – und da sind Sie!

Seine Vorfreude wird entweder belohnt oder enttäuscht. Selbst wenn Sie mit vier Banditen im Vorschulalter und Bergen von Windeln und Geschirr fertig werden müssen, sollten Sie es, wenn irgend möglich, so einrichten, daß Sie ein paar Minuten Zeit haben, um sich frisch zu machen, bevor Ihr Mann nach Hause kommt. Er will ebensowenig für eine Selbstverständlichkeit gehalten werden wie Sie. Achten Sie also darauf, daß Sie nicht Ihre ganze Zeit damit verbringen, einzukaufen, sich zu pflegen und zu nähen, um für andere statt für ihn hübsch auszusehen. Geben Sie ihm Ihr Bestes, und Sie werden die Früchte ernten.

Natürlich können Sie es bei der Pflege des Äußeren auch übertreiben, indem Sie so viel Zeit und Geld auf sich selbst und Ihr Aussehen verwenden, daß Ihr Mann sich vielleicht fragt, ob Sie sich eigentlich für ihn so herausputzen oder um andere Männer anzuziehen. Die Pflege des Äußeren kann eine sehr selbstbezogene Tätigkeit sein. Wie in den anderen Bereichen Ihres Lebens ist auch hier Ausgewogenheit nötig.

Es geschieht sehr leicht, daß der Bereich oder die „Speiche" des Geldes und der Sicherheit Ihr ganzes Leben beherrscht. Falscher Umgang mit Geld oder Geldmangel kann zu einem ständigen Reibungspunkt zwischen Ihnen und Ihrem Mann werden.

Über den Umgang mit Geld sind schon genug Bücher geschrieben worden, so daß wir das Thema hier nicht zu behandeln brauchen; bis auf den Hinweis, daß Sie und Ihr Mann frühzeitig in Ihrer Ehe regeln sollten, wie Sie mit Ihrem Einkommen verfahren. Hier gilt wiederum, daß Sie Ihren Rat anbieten können, die Geldangelegenheiten und die Buchführung aber Ihrem Mann überlassen sollten; es sei denn, er bittet Sie ausdrücklich, diese Arbeit für ihn zu übernehmen.

Interessanterweise spricht die Bibel davon, daß ein glücklicher Mann seiner Frau in Dingen des Kaufens und Verkaufens vertrauen kann, so daß es also völlig biblisch ist, wenn ein Mann seine Geldangelegenheiten in die Hände seiner Frau legt, sofern sie in diesen Dingen Geschick hat. „Ihres Mannes Herz darf sich auf sie verlassen, und Nahrung wird ihm nicht mangeln. Sie trachtet nach einem Acker und kauft ihn und pflanzt einen Weinberg vom Ertrag ihrer Hände. Sie macht einen Rock und verkauft ihn, einen Gürtel gibt sie dem Händler" (Sprüche 31,11.16.24).

Wenn das Geld knapp ist, steht und fällt Ihr Mann mit Ihrer Einstellung zu der Situation und zu seinen Anstrengungen, genug heimzubringen. Vielleicht mehr als irgendwann sonst braucht Ihr Mann dann ihre Unterstützung und Ermutigung. Männer empfinden es als ein Versagen, wenn es ihnen nicht gelingt, den Unterhalt für ihre Familie aufzubringen. Viele Männer, denen in Zeiten finanzieller Schwierigkeiten die rechte Unterstützung ihrer Frauen fehlte, haben ihre Zuflucht im

Alkohol, bei anderen Frauen oder gar im Selbstmord gesucht. Durch Schimpfen, Nörgeln oder Jammern werden Sie nur noch mehr dazu beitragen, daß Ihr Mann sich wie ein Versager fühlt.

Hüten Sie sich davor, durch Ihr Bedürfnis nach Sicherheit die Antriebskräfte Ihres Mannes für seine Arbeit lahmzulegen. Vielleicht sind Sie dagegen, daß er eine verantwortungsvollere Aufgabe in seiner Firma übernimmt. Sie wollen nicht umziehen, oder Sie befürchten, Ihr Leben könnte sich einschneidend verändern. Wenn Sie diese Haltung einnehmen, werden Sie möglicherweise erleben müssen, wie das Interesse Ihres Mannes an Ihnen, an seiner Arbeit und am Leben überhaupt nachzulassen beginnt.

Orientieren Sie sich an Gott, nicht an Ihrer Situation oder Ihren Finanzen, und Sie werden in der Lage sein, Veränderungen in der beruflichen Laufbahn Ihres Mannes gelassen zu begegnen. Gott warnt uns davor, unsere Sicherheit auf Besitz zu gründen. „Wer sich auf seinen Reichtum verläßt, der wird untergehen; aber die Gerechten werden grünen wie das Laub" (Sprüche 11,28). Ein Mann kann finanziell erfolgreicher sein, wenn ihn seine Frau nicht durch Unzufriedenheit ablenkt, sondern ihn unterstützt und ermutigt.

Die lieben Schwiegereltern

Ein weiterer Bereich, der sich von Segen in Fluch verwandeln kann, wenn er aus dem Gleichgewicht gerät, ist die Beziehung zu Ihren und seinen Eltern. Der Herr hat für das Schwiegereltern-Problem schon Sorge getragen, bevor es Wirklichkeit wurde. Zu Adam und Eva sagte er: „Darum wird ein Mann seinen Vater und seine Mutter verlassen und seinem Weibe anhangen, und sie werden sein ein Fleisch" (1. Mose 2,24).

Sobald Sie und Ihr Mann in der Ehe ein Fleisch geworden sind, sollte Ihr Mann, nicht Ihre Eltern, im Mittelpunkt Ihres Lebens stehen. Natürlich sollen Sie nicht aufhören, Ihre und seine Eltern zu ehren und zu achten. Rufen Sie an, schreiben Sie gelegentlich, lassen Sie sie an dieser oder jener Neuigkeit aus dem Familienleben teilhaben: etwa an dem guten Zeugnis eines Ihrer Kinder, an etwas besonders Niedlichem, das Ihr Jüngstes gesagt oder getan hat, oder an der Beförderung Ihres Mannes. „‚Ehre Vater und Mutter‘, das ist das erste Gebot, das eine Verheißung hat: ‚auf daß dir’s wohl gehe und du lange lebest auf Erden‘“ (Epheser 6,2-3). Ihre Reife und Erfahrung können Ihnen nützlich sein, wenn sie Ihnen Rat geben.

Probleme tauchen allerdings dann auf, wenn Sie die Wünsche und Vorstellungen Ihrer Eltern höher achten als die Ihres Mannes. Geben Sie Ihrem Mann nicht das Gefühl, er müsse mit Ihren Eltern konkurrieren – oder mit seinen eigenen. Wenn er weiß, daß er in Ihrem Leben den ersten Platz hat, dann wird er den Eltern, die ihm eine so wunderbare Frau gegeben haben, seine Wertschätzung nicht vorenthalten.

Außer-Haus-Aktivitäten

Die letzte „Speiche“, über die wir sprechen wollen, ist die der Aktivitäten außerhalb des Hauses: gesellschaftliches Leben, Gemeindearbeit, Vereine und anderes mehr. „Selbstverständlich weiß mein Mann, daß er mir wichtiger ist als meine nach außen gerichteten Interessen“, sagen Sie vielleicht. Aber woher weiß er es? Er muß sich an das halten, was er sieht und hört. Wenn Sie den größten Teil Ihrer Zeit damit verbringen, eine missionarische Frauengruppe in der Gemeinde oder eine Schar von Pfadfinderinnen zu leiten, was soll er daraus anderes schließen, als daß Ihnen diese Tätigkeiten wichtiger sind als er?

Obwohl solche Aktivitäten an sich gut sind, können sie Ihre Zeit und Aufmerksamkeit so sehr in Anspruch nehmen, daß Ihr Mann sich hinter sie zurückgesetzt fühlt. Das kann so weit gehen, daß Ihr Mann, wenn Sie zuviel über Jesus Christus reden, ständig in seiner Gegenwart die Bibel lesen oder allzu häufig evangelistische Veranstaltungen besuchen, über Christus nicht viel anders zu denken beginnt wie über einen Mann, der ihm seine Frau wegnehmen will. Das klingt vielleicht lächerlich, aber möglicherweise ist das einzige, was er weiß, daß irgend jemand anders als er selbst in Ihrem Leben die größte Rolle spielt.

Ein Nichtchrist kann geistliche Wahrheiten nicht begreifen. „Der natürliche Mensch aber vernimmt nichts vom Geist Gottes; es ist ihm eine Torheit, und er kann es nicht erkennen, denn es muß geistlich beurteilt werden" (1. Korinther 2,14). Auch ein gläubiger Ehemann kann durch seine übereifrige gläubige Frau, die laufend von ihren neuesten geistlichen Entdeckungen spricht, geistlicher Wahrheit gegenüber abgestumpft werden.

Sie werden Ihren Mann für geistliche Werte gewinnen, wenn Sie diese in Ihrem Leben verwirklichen und so zu der Ehefrau werden, die er sich wünscht. „Desgleichen sollt ihr Frauen euch euren Männern unterordnen, damit auch die, die nicht an das Wort glauben, durch das Leben ihrer Frauen ohne Worte gewonnen werden, wenn sie sehen, wie ihr in Reinheit und Gottesfurcht lebt" (1. Petrus 3,1-2). Dies bedeutet freilich nicht, nach den Verhaltensregeln irgendeiner Gruppe zu leben.

Nehmen wir an, Sie und Ihr Mann unternehmen bestimmte Dinge gemeinsam. Plötzlich werden Sie Christ und beginnen, Ihr Leben zu ändern. Er verbringt nun Zeit allein, weil Sie entweder in der Gemeinde sind oder zu bestimmten Unternehmungen nicht mehr bereit sind, die Sie früher gemeinsam genossen haben. Ihr Mann fühlt sich durch die plötzlichen Veränderungen in Ihrem Leben vielleicht bedroht, weil er sieht, wie Ihre Beziehung zerstört wird.

Sicherlich haben Sie gehört, daß das Wort Gottes Menschen voneinander trennt. „Ihr sollt nicht meinen, daß ich gekommen bin, Frieden zu bringen auf die Erde. Ich bin nicht gekommen, Frieden zu bringen, sondern das Schwert. Denn ich bin gekommen, den Menschen zu entzweien mit seinem Vater und die Tochter mit ihrer Mutter und die Schwiegertochter mit ihrer Schwiegermutter. Und des Menschen Feinde werden seine eigenen Hausgenossen sein" (Matthäus 10,34-36). Beachten Sie, daß hier die Beziehung zwischen Eltern und Kindern erwähnt wird, aber nicht die zwischen Ehemann und Ehefrau. Könnte es nicht sein, daß dies seinen Sinn hat? Die Tatsache, daß die Beziehung zwischen Eheleuten unerwähnt bleibt, legt den Schluß nahe, daß Gott Ehepaare nicht voneinander trennt. Er trennt nicht, was er zu *einem* Fleisch vereinigt hat. Statt dessen wird die richtige Anwendung seines Wortes eine kostbare eheliche Beziehung hervorbringen.

Vielleicht werden Sie jetzt einwenden: „Aber was ist mit den Versen in 1. Korinther 7,13-16, die davon sprechen, daß man einen ungläubigen Ehepartner gehen lassen soll, wenn er will?" Gott hat diese Richtlinien gegeben, damit ein Christ friedfertig mit Eheproblemen, die auftreten können, umgehen kann. Aber Trennung in der Ehe kommt durch die Sünde des Mannes oder der Frau, nicht von Gott.

Normalerweise wird im Leben einer Frau, die Jesus Christus vertraut, eine Ausgeglichenheit und innere Freude zu sehen sein, die helfen, ihren Mann zu Christus zu ziehen. Aber das reicht nicht immer. „Denn was weißt du, Frau, ob du den Mann retten wirst? Oder du, Mann, was weißt du, ob du die Frau retten wirst?" (1. Korinther 7,16).

Die Art, wie Sie sich Ihrem Mann gegenüber verhalten, sollte jedoch unabhängig von seinem geistlichen Status sein. Ist er ein Christ oder im Begriff, einer zu werden, dann werden Sie sich über Ihre geistlichen Gedanken miteinander austauschen, sobald er damit anfängt oder den Anstoß zu einem solchen Gespräch gibt. Im allgemeinen sind die geistlichen Wahrheiten, die Sie erfahren, zu Ihrer eigenen Auferbauung da, und nicht dazu, daß Sie Ihren Mann belehren. Wenn Sie den starken Wunsch verspüren, ihm diese Dinge mitzuteilen, beten Sie statt dessen für ihn.

Margaret setzte diese Anregungen in die Tat um. Als James sie fragte, wie sie es angestellt habe, so eine wunderbare Ehefrau zu werden, erklärte sie ihm freundlich: „Jesus Christus ist die Quelle meines inneren Friedens; er gibt mir die Kraft, die Ehefrau zu sein, die ich sein soll." Indem sie auf diese Weise auf ihren Mann reagierte, vermied es Margaret, ihm das Gefühl zu geben, sie brauche ihn nicht mehr. Christus hatte sie befähigt, sich freiwillig von ihrem Mann abhängig zu machen.

Steht ein Mann im Mittelpunkt des Lebens seiner Frau, wird er sich kaum einer anderen Frau zuwenden. Sex ist selten der Hauptgrund dafür, wenn ein Mann die Ehe bricht. Meistens sucht er eine Frau, die ihn so annimmt, wie er ist, die ihn bewundert, ihn braucht und die ihm den ersten Platz in ihrem Leben gibt.

Ein Wiederaufbau-Programm

Haben Sie jetzt das Gefühl, Ihren Mann zum wahren Mittelpunkt Ihres Lebens zu machen ist mehr, als Sie bewältigen können? Hoffentlich; denn nur dann werden Sie erkennen, daß Sie Jesus Christus brauchen, damit er das Ruder übernimmt und alles für Sie tut. Für ihn ist es nicht mehr, als er bewältigen kann. Er ist der einzige, der Sie zu der Frau machen kann, die Sie sein möchten. „Haus und Habe vererben die Eltern, aber eine verständige Ehefrau kommt vom HERRN" (Sprüche 19,14).

Jesus Christus kann die Werkstatt Ihrer Ehe dazu gebrauchen, Sie zu einer Frau nach dem Herzen Gottes zu machen. „Wem eine tüchtige Frau beschert ist, die ist viel edler als die köstlichsten Perlen" (Sprüche 31,10). Es ist bedeutsam, meine ich, daß hier Perlen erwähnt werden. Perlen entstehen unter Wasser durch einen Prozeß, der Leiden mit sich bringt. Oft gebraucht Gott schwierige Situationen, sogar Eheprobleme, um Sie zu einer Perle zu machen.

Die Ehe offenbart Ihr wahres Ich. Sie bringt Ihre Verhaltensmuster zum Vorschein und zeigt Sie als die Person, die Sie wirklich sind. Ihr Mann macht Sie nicht zu dem, was Sie sind; er wirkt lediglich als Anreiz, das, was in Ihnen verborgen liegt, sichtbar zu machen. „Behüte dein Herz mit allem Fleiß, denn daraus quillt das Leben" (Sprüche 4,23).

Es ist wahr, Ihr altes, sündhaftes Wesen wird Ihnen solange anhaften, bis Christus Sie zu sich holt, aber das bedeutet nicht, daß es Sie beherrschen muß. Wenn Jesus Christus die Kraftquelle Ihres Lebens ist, wird er Ihnen neue Wege zeigen, um auf Lebenssituationen zu reagieren. Sie brauchen dann nicht mehr eine Sklavin Ihrer alten, sündigen Gewohnheiten zu sein. Er wird Ihnen helfen, den Teufelskreis Ihrer alten Natur mit ihren Verhaltensmustern zu durchbrechen (vgl. Römer 8,1-4). Immer, wenn Sie den Zug Ihres alten Wesens verspüren, das die Herrschaft über Sie zurückgewinnen will, sollten Sie sich einfach an Gott wenden und ihn bitten, Sie von der Versuchung, in alte Gleise zurückzufallen, zu befreien.

Dabei ist es wichtig, sich klarzumachen, daß Versuchung oder ein böser Gedanke an sich noch keine Sünde darstellt. Ob Sie sündigen oder nicht, hängt davon ab, wie Sie mit diesem Gedanken oder dieser Versuchung umgehen. „Sondern ein jeder, der versucht wird, wird von seinen eigenen Begierden gereizt und gelockt. Danach, wenn die Begierde empfangen hat, gebiert sie die Sünde; die Sünde aber, wenn sie vollendet ist, gebiert den Tod" (Jakobus 1,14-15).

Wir werden immer wieder vor dieser Wahl stehen: entweder den eingefahrenen Bahnen unserer sündigen Natur zu folgen oder uns bewußt von ihnen zu lösen und unser neues Leben im Geist ganz praktisch in Anspruch zu nehmen.

Die Entscheidung liegt bei Ihnen. Wenn Sie Christus in Ihrem Leben Herr sein lassen, werden Sie erleben, wie mit der Zeit alle Bereiche Ihres Lebens sich nach Gottes gutem Plan ausrichten. Wenn Christus in Ihrem inneren geistlichen Leben an erster Stelle steht, wird er Sie dazu führen, Ihrem Mann den ersten Platz in Ihren menschlichen Beziehungen und Aktivitäten zu geben, denn das ist sein Plan für Sie als Ehefrau.

Lassen Sie sich führen

Um Unordnung und Chaos zu vermeiden, muß in jeder funktionsfähigen Vereinigung jemand die Hauptverantwortung tragen, Entscheidungen fällen und den Aktivitäten eine Richtung geben. Diese Notwendigkeit ist in jeder erfolgreichen Firma oder Organisation bekannt. Nur Familien ignorieren häufig das Prinzip der Leiterschaft und gehen so an der Harmonie und dem Frieden, die Gott ihnen zugedacht hat, vorbei. Da die Familie die Grundeinheit der Gesellschaft ist, hängt von ihrer Stabilität nicht nur die Sicherheit und das Glück ihrer Mitglieder ab, sondern auch die Lebenskraft des ganzen Volkes. Für die Stabilität sowohl der Familie als auch der Gesellschaft ist darum die Anerkennung des Mannes als Haupt der Familie unerläßlich.

Gottes Ordnung

Gott setzte den Mann als unbestrittenes Haupt der Familie ein, als er zu Eva sagte: „Und dein Verlangen soll nach deinem Manne sein, aber er soll dein Herr sein" (1. Mose 3,16). Der gleiche Grundsatz wird im Neuen Testament in Epheser 5,22-24 erneut bestätigt: „Ihr Frauen, ordnet euch euren Männern unter wie dem Herrn. Denn der Mann ist das Haupt der Frau, wie auch Christus das Haupt der Gemeinde ist, die er als seinen Leib erlöst hat. Aber wie nun die Gemeinde sich Christus unterordnet, so sollen sich auch die Frauen ihren Männern unterordnen in allen Dingen." Es war nicht die *Gesellschaft*, die dem Mann die führende Position zuschob, sondern *Gott* setzte ihn als „Haupt der Familie" ein.

Eine Familie mit zwei Häuptern oder mit der Ehefrau als Haupt könnte man eine Monstrosität nennen, denn hier ist die Ordnung der Aufgaben von Mann und Frau verzerrt, wodurch ein widernatürlicher Zustand entsteht. Während in immer mehr Familien die Frauen die führende Rolle übernahmen, stiegen die Jugendkriminalität, die Rebellion der Kinder gegen die Eltern, die Homosexualität, die Scheidungsrate und die Zahl der frustrierten Frauen an, denn Gott hat die Familie so eingerichtet, daß sie mit dem Mann als Oberhaupt am besten gedeiht. Wo dieses Prinzip der männlichen Leiterschaft mißachtet oder durch etwas anderes ersetzt wird, entstehen ungezählte Probleme.

Gottes Ordnung für die Familie besagt, daß der Mann das Haupt der Frau ist, so wie Christus das Haupt des Mannes ist: „Ich lasse euch aber wissen, daß Christus das Haupt eines jeden Mannes ist; der Mann aber ist das Haupt der Frau; Gott aber ist das Haupt Christi" (1. Korinther 11,3). Gott, der Vater, hat zu unserem Nutzen jene Rangordnung eingesetzt, die man als „Gottes Schutzschirm" bezeichnen könnte (vgl. Illustration auf der nächsten Seite). Dies ist Gottes Rangfolge.

Ebenso wie Christus dem Vater untertan ist, obwohl er ihm gleich ist, so ist auch die Frau dem Mann untertan, obwohl beide als Menschen gleichwertig sind. Das gleiche gilt für das Verhältnis zwischen Kindern und Eltern und zwischen Staatsbürgern und der Obrigkeit. Gott gebraucht diese Rangordnung unter den Men-

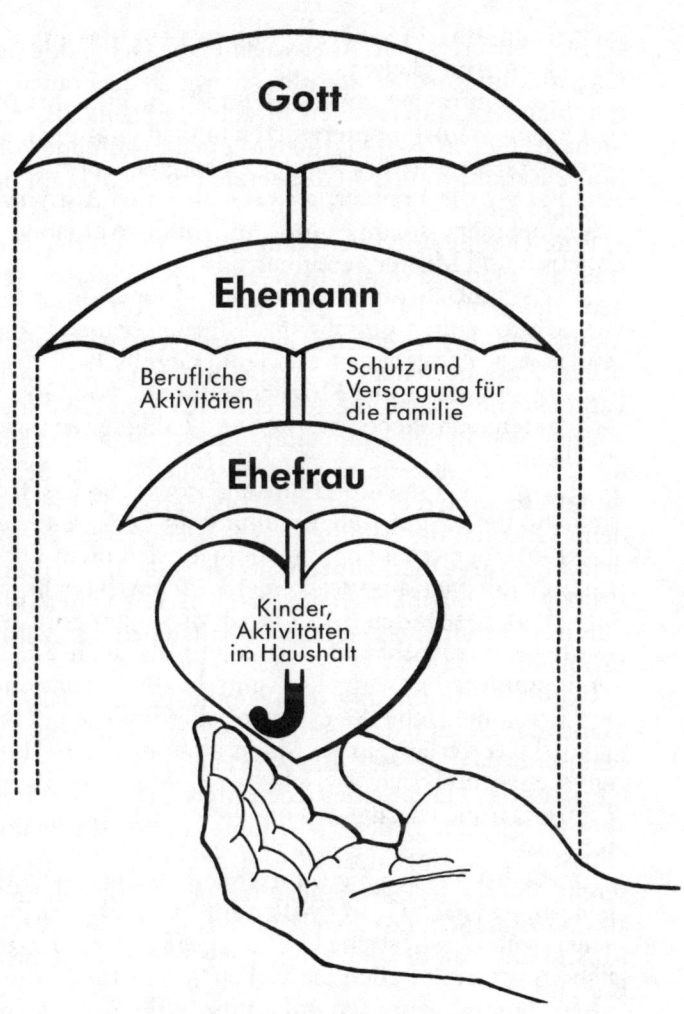

Gottes Schutzschirm

schen, um uns zu schützen und uns ein Maximum an Glück zu ermöglichen.

Unter Gottes Schutzschirm erfüllt die Frau ihre Aufgabe, den Mann zu unterstützen und zu ermutigen und für ihr Heim und ihre Kinder zu sorgen. Darüber hinaus hat sie die Freiheit, an verschiedenen Aktivitäten teilzunehmen, solange diese mit ihren Aufgaben als Ehefrau und Mutter vereinbar sind.

Der Verantwortungsbereich des Mannes unter Gottes Schutzschirm umfaßt die Führung seiner Familie sowie seine Aufgaben in Beruf und Gesellschaft. In dieser Position hat er die Möglichkeit, seine von Gott geschenkten männlichen Stärken und Fähigkeiten zu entwickeln.

Indem die Frau der Führung ihres Mannes folgt, genießt sie Schutz und Erfüllung an dem Platz, den Gott ihr zugewiesen hat. Sie braucht sich nicht Druck und Problemen auszusetzen, für deren Bewältigung sie nicht geschaffen ist. Durch diese Rangordnung kann Gott sowohl auf den Mann als auch auf die Frau unmittelbar eingehen und beiden vollkommene Erfüllung schenken. Wenn allerdings eine Frau ihren Platz verläßt, ihren Mann nicht mehr als Haupt anerkennt und sich zwischen ihn und Gott in eine Führungsrolle drängt, geht diese Erfüllung verloren.

Zunächst werden Sie wahrscheinlich dagegen aufbegehren, daß nach Gottes Willen Ihr Mann über Sie herrschen soll. Diese falsche Haltung gegenüber der männlichen Autorität haben Sie vielleicht von Ihrer Mutter übernommen. Aber wo auch immer Ihr Aufbegehren herrührt, Sie werden diese sündige Haltung nicht an Ihre Kinder weitergeben wollen. Bekennen Sie sie als Sünde, und vertrauen Sie darauf, daß Jesus Christus Sie verändern wird. Bevor ich verstanden hatte, daß Gottes Plan zu meinem eigenen Nutzen ist, habe auch ich gegen den Gedanken rebelliert, von meinem Mann völlig abhängig zu sein.

Wenn Sie im Zweifel sind, wie Sie sich Ihrem Mann gegenüber verhalten sollen, denken Sie daran, daß die Beziehung zwischen Mann und Frau ein irdisches Bild der Beziehung zwischen Christus und seiner Gemeinde ist. Wie die Gemeinde völlig von Jesus Christus abhängig ist, sollen Sie als Ehefrau völlig abhängig von Ihrem Mann sein. In einer solchen Atmosphäre finden Sie Schutz und Erfüllung; Ihr Mann erhält den Ansporn, zu dem Mann zu werden, den Gott aus ihm machen will; und Ihre Kinder können sich unter idealen Bedingungen entwickeln und heranwachsen. Gottes Plan ist allumfassend – vollkommene Fürsorge für jeden. Sein liebevoller Schutz umgibt Sie von allen Seiten; über Sie spannt sich wie ein Schirm seine Ordnung, von unten sind Sie getragen durch seine liebevolle Hand. „Fällt er, so stürzt er doch nicht; denn der HERR hält ihn fest an der Hand" (Psalm 37,24).

Aufgaben von Mann und Frau

Manche Leute glauben, die Ehe sei ein Handel, zu dem jeder 50 Prozent beiträgt, aber das ist ein Irrtum. Sie verlangt 100 Prozent von jedem Partner. Jeder Partner hat eine Verantwortung, die ihn voll und ganz fordert. Jede Verantwortung ist gleich wichtig, aber beide bringen unterschiedliche Aufgaben mit sich. Daß die Verantwortungen verschieden sind, bedeutet keineswegs, daß eine geringer ist als die andere. Beide Aufgabenbereiche sind aufeinander angewiesen, um richtig erfüllt zu werden. Mann und Frau ergänzen einander auf ähnliche Weise wie Schlüssel und Schloß. Jeder wäre ohne den anderen unvollständig.

Unsere Position in Gottes Rangordnung hat nichts mit unserem individuellen Wert oder unserer Wichtigkeit zu tun. In Galater 3,28 geht es um den individuellen Wert – nicht um die Verantwortungsbereiche: „Hier ist nicht Jude noch Grieche, hier ist nicht Sklave noch Freier, hier ist nicht Mann noch Frau; denn ihr seid allesamt einer in Christus Jesus." Im allgemeinen unterscheidet sich eine Frau in ihren Interessen, ihrem Denken und ihren Fähigkeiten ebenso vom Mann wie im Körperlichen. Durch diese Unterschiede kann eine Frau ihren Mann ergänzen, aber sie besagen nicht, daß sie ein minderwertiges Wesen ist. Weder der Mann noch die Frau haben Anlaß, sich zu rühmen. Und keiner von beiden braucht über eine minderwertige Position zu klagen.

Die Aufgabenbereiche von Mann und Frau könnten mit den Ämtern des Präsidenten und des Vizepräsidenten einer Organisation verglichen werden. Beide wissen bei ihrem Amtsantritt, daß beide Ämter schwere Verantwortungen mit sich bringen. Da die Kompetenzen ganz klar abgesteckt sind, gibt es nie einen Zweifel darüber, wer der Präsident ist. Ob der Präsident Erfolg hat, hängt allerdings von der Hilfe des Vizepräsidenten bei der Ausführung der Aufgaben ab. Wenn neue Entscheidungen zu treffen sind, wird der Präsident wohl den Rat des Vizepräsidenten suchen, aber die Verantwortung dafür, wie letztendlich entschieden wird, trägt er allein.

Ist ein bestimmtes Vorhaben einmal beschlossen, arbeiten beide bei der Ausführung partnerschaftlich zusammen. Wenn der Präsident es für richtig hält, kann er einen Teil seiner Autorität an den Vizepräsidenten delegieren. Ist er selbst nicht anwesend, so kann er sich darauf verlassen, daß der Vizepräsident die Geschäfte weiterführt, als wäre er da. In diesem Verhältnis zueinander arbeiten sie in Einmütigkeit, guter Übereinkunft,

Gelassenheit und Sicherheit zusammen – vorausgesetzt, der Vizepräsident versucht nicht, die Führung der Organisation an sich zu reißen!

Gott hat Mann und Frau unterschiedliche Aufgaben zugewiesen. Schließlich hat er sie männlich und weiblich geschaffen (1. Mose 1,27) und nicht als Einheitsgeschlecht. Dieser Unterschied zeigt sich nicht nur in körperlichen Merkmalen, sondern auch in den Gefühlen und Temperamenten. Zu den männlichen Zügen gehört die Fähigkeit, Situationen in ihrer Gesamtheit zu überblicken und Problemen fest und entschlossen zu begegnen. Die Fähigkeit, die Einzelheiten einer Situation im Blick zu behalten und wertvolle Einsichten aufgrund eines einfühlsamen, sensiblen Wesens beizusteuern, ist eine der besonderen Eigenschaften der Frau. Wenn Sie beispielsweise eine Abendeinladung für die Geschäftsfreunde Ihres Mannes planen, dann sind Sie wahrscheinlich ganz mit den Einzelheiten der Vorbereitung beschäftigt oder damit, wie Sie Frau X davon abhalten, Frau Y zu beleidigen. Ihr Mann dagegen denkt möglicherweise darüber nach, wie er die Gelegenheit für seine geschäftlichen Vorhaben im nächsten Jahr nutzen kann. Indem Sie beide Ihre unterschiedlichen Gaben gebrauchen, können Sie als Team zusammenarbeiten.

Wenn Sie nicht anerkennen, daß Gott Sie und Ihren Mann dazu bestimmt hat, einander zu ergänzen, könnte es sein, daß Sie Ihren Mann dazu zwingen wollen, sich genauso zu verhalten wie Sie. Hätten Sie damit Erfolg, müßte er in die weibliche Rolle des Reagierens überwechseln und seinen männlichen Verantwortungsbereich vernächlässigen. Akzeptieren Sie dagegen, daß Ihre Aufgaben von Natur aus unterschiedlich sind, können Sie Ihre weiblichen Anlagen voll entwickeln und zu einer wirklich weiblichen Frau werden.

Hat meine Meinung Gewicht?

Die Ratschläge und Einsichten einer Frau sind für einen Mann wertvolle Hilfen. Einige Dinge gilt es jedoch zu beachten, damit Ihr Rat seine volle Wirkung entfalten kann.

Ein Mann wird Ihren Rat höher einschätzen, wenn er Sie darum bittet – was er, wenn Sie ihm liebevoll und in Unterordnung begegnen, sicherlich tun wird. Wenn er Sie nach Ihrer Meinung fragt, antworten Sie ihm sachlich; bleiben Sie beim Thema und bei den wesentlichen Tatsachen. Denken Sie daran, daß Männer dazu neigen, die Sprache zum Ausdrücken von Gedanken und zur Weitergabe von Sachinformationen zu gebrauchen, während Frauen durch die Sprache gerne Gefühle ausdrücken und ihren Emotionen Luft machen. Wenn Sie also Ihre Meinung sagen, versuchen Sie nicht, Ihren Gefühlen Ausdruck zu geben, sondern äußern Sie knapp und sachlich Ihre Gedanken über die anstehende Frage.

Muß ich warten, bis ich nach meiner Meinung gefragt werde? Nur, wenn Sie schon wissen, daß Ihr Mann auf ungebetene Ratschläge keinen Wert legt. Die Urteilskraft, Weisheit und Sichtweise einer Frau sind für einen Mann sehr wertvoll. Ihm diese Einsichten vorzuenthalten, würde bedeuten, daß Sie Ihrem Mann einen großen Schaden zufügen. Sich unterordnen heißt nicht, daß Sie nichts mehr sagen dürfen; es bedeutet, daß Sie sich dem Menschen, der über Sie gesetzt ist, vollständig zur Verfügung stellen.

Oft braucht ein Mann Einsichten oder Informationen, um eine kluge Entscheidung treffen oder einen richtigen Standpunkt einnehmen zu können. Zum Beispiel wissen Sie wahrscheinlich besser über das Treiben und den Umgang Ihrer Kinder Bescheid als Ihr Mann. Um ihm dabei zu helfen, bezüglich der Kinder und ihrer Angelegenheiten Entscheidungen zu treffen und Pläne zu machen, ist es vielleicht nötig, daß Sie genaue Informationen beisteuern. Möglicherweise können Sie ihm auch einmal Einsichten aus dem Wort Gottes mitteilen, die ihm helfen, eine falsche und schädliche Auffassung zu meiden oder zu korrigieren. „Ihres Mannes Herz darf sich auf sie verlassen ... Sie tut ihren Mund auf mit Weisheit, und auf ihrer Zunge ist gütige Weisung" (Sprüche 31,11.26).

In der Bibel wird von einer Frau erzählt, die ihrem Mann half, seinen Standpunkt zu korrigieren. Manoach und seine Frau hatten keine Kinder. Da erschien der Frau Manoachs der Engel des Herrn und kündigte ihr die Geburt eines Sohnes an. Dieser Sohn, Simson, sollte mit der Befreiung Israels von den Philistern beginnen.

Nachdem die Frau Manoach von dem Besuch des Engels erzählt hatte, betete er, Gott möge den Engel noch einmal senden, damit er ihnen genauere Anweisungen gebe, wie sie für das Kind sorgen sollten. Als der Engel des Herrn erschien, erkannte Manoach ihn nicht, bis er wieder in den Himmel aufgestiegen war. „Damals erkannte Manoach, daß es der Engel des HERRN war, und sprach zu seiner Frau: Wir müssen des Todes sterben, weil wir Gott gesehen haben. Aber seine Frau antwortete ihm: Wenn es dem Herrn gefallen hätte, uns zu töten, so hätte er das Brandopfer und Speisopfer nicht angenommen von unsern Händen. Er hätte uns auch das alles weder sehen noch hören lassen, wie jetzt geschehen ist" (Richter 13,21-23).

Eine Frau kann ihrem Mann eine große Hilfe sein, wenn sie ihm ihre Einsichten auf die richtige Art und Weise mitteilt. Natürlich muß sie ihren Rat auf weibliche Art geben, wie es in Sprüche 31,26 beschrieben ist: „Sie tut ihren Mund auf mit Weisheit, und auf ihrer Zunge ist gütige Weisung."

Stellen Sie sich die Frage: „Wie werden meine Worte oder mein Verhalten auf meinen Mann wirken? Wird das, was ich in einer bestimmten Situation sage oder tue, seine führende Position in unserer Ehe gefährden?" Wenn Sie diese Frage bedenken, bevor Sie reden oder handeln, wird auf Ihrer Zunge wirklich „gütige Weisung" sein, und Sie werden nicht Gefahr laufen, seine Position als Haupt zu untergraben.

Versuchen Sie nie, Ihrem Mann Ihren Standpunkt aufzuzwingen. Sagen Sie einfach: „Mir scheint es so und so zu sein" oder: „Ich glaube das und das." Lassen Sie ihm die Freiheit, Ihrem Rat zu folgen oder nicht, wie es ihm am besten erscheint. Es ist Ihre Aufgabe, ihn in seiner führenden Position zu stärken; also erteilen Sie ihm Ihre Ratschläge nicht wie von Mann zu Mann oder in einer Haltung der Autorität, Überlegenheit oder Mütterlichkeit. Sagen Sie ihm liebevoll, was Sie denken, und überlassen Sie die endgültige Entscheidung Ihrem Mann, indem Sie ihm Ihre volle Unterstützung zusagen.

Wenn Sie den Eindruck haben, daß er eine falsche Entscheidung trifft, können Sie den Fall einer höheren Instanz vorlegen: Sprechen Sie mit Christus im Gebet über die Situation, und vertrauen Sie ihm, daß er die Dinge zum richtigen Ausgang führt. Wenn Sie auf diese weibliche Art Ihren Rat beisteuern, werden Sie von der schweren Verantwortung für die letzte Entscheidung frei und Ihrem Mann eine Stütze und Ermutigung sein.

Beschützt von allen Seiten

Unter Gottes Schutzschirm ist der Ehemann Gottes irdisches Werkzeug, durch das er die Frau körperlich, seelisch und geistlich beschützt. Seine Fürsorge ist vollkommen.

In welcher Hinsicht brauchen Sie körperlichen Schutz? Nun, Sie brauchen Schutz sowohl vor anstrengenden Arbeiten als auch vor körperlichen Angriffen. Sehen wir den Tatsachen ins Auge! Es ist kaum anzunehmen, daß Sie über ebensoviel Muskelkraft verfügen wie Ihr Mann. „Desgleichen, ihr Männer, wohnt vernünftig mit ihnen zusammen und gebt dem weiblichen Geschlecht als dem schwächeren seine Ehre" (1. Petrus 3,7). Ihr Mann sollte Sie vor so schweren Arbeiten wie Möbel zu transportieren, Zäune zu bauen, Autos zu reparieren oder Schreinerarbeiten auszuführen bewahren. Heutzutage brauchen Sie auch Schutz vor körperlichen oder sexuellen Übergriffen, nicht anders als Ihre weiblichen Vorfahren in Kriegszeiten. Wenn Sie danach streben, sich selbst schützen zu können, gefährden Sie Ihre Weiblichkeit.

Manchmal fällt Ihrem Mann auch die Aufgabe zu, Ihre Gesundheit zu schützen, indem er Ihre zahlreichen Aktivitäten zurückstutzt. Wenn er sich über Ihren vollen Terminkalender beklagt hat, liegt es vielleicht daran, daß er sich Sorgen um Sie macht. Er zeigt seine Liebe, indem er sagt, daß Ihre Gesundheit ihm wichtig ist. Seien Sie ihm dankbar für seine Anteilnahme, und lassen Sie sich durch seinen Rat darauf aufmerksam machen, daß Sie mehr tun, als Gott Ihnen zumuten will.

Auch dadurch, daß er Sie mit Lebensmitteln, Kleidung und einem Dach über dem Kopf versorgt, bietet Ihr Mann Ihnen körperlichen Schutz. Das ist eine heilige Pflicht, die ihm Gott auferlegt hat. „Wenn aber jemand die Seinen, besonders seine Hausgenossen, nicht versorgt, hat er den Glauben verleugnet und ist schlimmer als ein Heide" (1. Timotheus 5,8). Diese Warnung gilt nicht der Frau, sondern dem Mann.

Die Arbeit des Mannes ist ein Segen. Sie gibt ihm die Möglichkeit, seine gottgegebenen Fähigkeiten zu entwickeln, indem er sich zum Wohl seiner Familie Auseinandersetzungen, Belastungen und Schwierigkeiten stellt. Seien Sie darauf bedacht, Ihrem Mann nicht die Achtung, die Ehre und die Befriedigung vorzuenthalten, die darin liegen, daß er diese ihm von Gott gestellte Aufgabe erfüllt. „Und setzt eure Ehre darein, daß ihr ein stilles Leben führt und das Eure schafft und mit euren eigenen Händen arbeitet, wie wir euch geboten haben, damit ihr ehrbar lebt vor denen, die draußen sind, und auf niemanden angewiesen seid" (1. Thessalonicher 4,11-12).

Da Gott dem Mann die Verantwortung auferlegt hat, für seine Familie zu sorgen, findet er harte Worte für einen Mann, der das nicht tut: Er nennt ihn „schlimmer als ein Heide" (1. Timotheus 5,8).

So wie Ihr Mann die Aufgabe hat, das Geld zu verdienen, haben Sie die Verantwortung, seine finanzielle Planung zu unterstützen. Sie sollten sich bereitwillig Mühe geben, sparsam zu wirtschaften, wie es in Sprüche 31,13-14 beschrieben ist: „Sie geht mit Wolle und Flachs um und arbeitet gerne mit ihren Händen. Sie ist wie ein Kaufmannsschiff; ihren Unterhalt bringt sie von ferne." Sparsamkeit kann bedeuten, daß Sie auf Sonderangebote achten, preiswerte Mahlzeiten zubereiten, nähen lernen und viele andere Ideen, die Gott Ihnen schenken wird, in die Tat umsetzen.

Wenn Sie Ihren Lebensstil auf das Einkommen Ihres Mannes einstellen, wird Gott die Finanzen der Familie in seine Hand nehmen. Er wird für Sie so sorgen, daß Ihr Mann sich nicht minderwertig vorkommen muß. Vielleicht führt Gott einen Nachbarn dazu, Ihnen genau das Möbelstück zu schenken, das Ihnen fehlt, oder eine Tante schickt Ihnen gerade das Kleid, um das Sie gebetet haben. Allzu oft kommt es vor, daß Frauen zum Beispiel durch den Gebrauch von Kreditkarten Gottes Wirken Grenzen setzen und ihre Familien finanziell unnötig belasten.

Achten Sie unbedingt darauf, daß Sie niemals die Fähigkeit Ihres Mannes, ein ausreichendes Einkommen zu erarbeiten, herunterspielen. Bemerkungen wie: „Wir können uns ja so etwas nicht leisten" oder: „Ich muß jeden Pfennig zweimal umdrehen, damit wir über die Runden kommen" werden Ihren Mann nur entmutigen. Versuchen Sie, nicht darüber zu reden, wie sparsam Sie waren, um mit den vorhandenen Mitteln auszukommen, auch dann nicht, wenn Sie stolz auf Ihre Sparsamkeit sind. Sparsamkeit ist gut und kann Ihnen ein Gefühl der Befriedigung verschaffen, aber Ihrem Mann davon zu erzählen, würde ihn nur daran erinnern, daß sie wegen seines begrenzten Einkommens notwendig ist. Helfen können Sie Ihrem Mann bei seiner Aufgabe, für Ihr materielles Wohl zu sorgen, durch Ihre Ermutigung und stille Sparsamkeit und durch Dankbarkeit für die Versorgung, die er Ihnen und seiner ganzen Familie zukommen läßt.

Viele Frauen fragen: „Mein Mann hat angedeutet, daß ich eine Arbeit annehmen sollte. Ich habe eine Ausbildung, und wir könnten das zusätzliche Geld gebrauchen. Soll ich arbeiten gehen?" Nein; für die finanziellen Bedürfnisse der Familie aufzukommen ist die Aufgabe des Mannes. Sie brauchen sich nicht schuldig zu fühlen, weil Sie ihm dabei nicht helfen. In Wirklichkeit könnten Sie, statt ihm zu helfen, damit sein Selbstbewußtsein zerstören.

Trotzdem sollten Sie sich fragen, warum er Ihnen vorgeschlagen hat, arbeiten zu gehen. Liegt es vielleicht daran, daß Sie ihm den Eindruck vermittelt haben, Sie seien mit seiner Versorgung nicht zufrieden? Wenn das der Fall ist, dann gehen Sie daran, diesen Eindruck richtigzustellen. Versichern Sie ihm, daß Sie bereit sind, in ein kleineres Haus umzuziehen oder sich in jeder erdenklichen Weise anzupassen, um die finanzielle Belastung zu erleichtern. Die Befriedigung, die Ihr Mann verspüren wird, wenn er weiß, daß er seiner Verantwortung gerecht werden kann, ist jedes Opfer Ihrerseits wert.

Sollte er darauf bestehen, daß Sie arbeiten gehen, so unternehmen Sie Schritte, um seinem Wunsch nachzukommen. Inzwischen beten Sie, daß Gott seine Haltung verändert oder Ihnen eine andere Lösung zeigt. Gott weiß, was Sie und Ihr Mann brauchen, um zu wachsen; also wird seine Antwort auf Ihr Gebet Ihre gegenwärtigen Bedürfnisse erfüllen.

Natürlich gibt es Notfälle. Ihr Mann kann krank werden oder seinen Arbeitsplatz verlieren. Es kann geschehen, daß Sie dadurch gezwungen sind, sich eine Arbeit zu suchen, um die finanzielle Not zu bewältigen. Die arbeitende Frau wird in Sprüche 31,24 beschrieben: „Sie macht einen Rock und verkauft ihn, einen Gürtel gibt sie dem Händler." Sie können finanziell aushelfen, ohne daß es Ihrem Mann schadet, wenn Sie ihm dabei nicht den Eindruck vermitteln, Sie seien eine Märtyrerin oder eine rettende Heldin. Außer in solchen Notfällen glaube ich allerdings nicht, daß es Gottes Wille ist, daß eine Familie von der Arbeit der Frau lebt.

Unter völlig anderen Bedingungen könnte es sein, daß Ihnen eine auswärtige Tätigkeit durchaus anzuraten ist. Wenn Sie keine oder bereits erwachsene Kinder haben, kann eine Arbeit, die Ihren Aufgaben als Ehefrau nicht im Weg steht, genau das Richtige für Sie sein. Unter solchen Umständen sollte eine Berufstätigkeit – oder, wie in meinem Fall, das Halten von Vorträgen und das Schreiben – eher eine Berufung als eine Erwerbstätigkeit für die Familie sein. Falls Sie ein Einkommen haben, sollte es nebenrangig sein, ein zusätzlicher Bonus.

Mit Hilfe der folgenden Fragen können Sie feststellen, ob sich Ihre Tätigkeit mit Gottes Plan für Sie vereinbaren läßt:

▷ Läßt sich Ihre Tätigkeit mit dem Zeitplan Ihres Mannes oder mit Ihren Pflichten als Ehefrau und Mutter nur schlecht verbinden?

▷ Hat Ihr Mann den Eindruck, daß Ihre Tätigkeit Ihnen wichtiger ist als er?

▷ Führt ihre Tätigkeit dazu, daß Sie finanziell nicht mehr von Ihrem Mann abhängig sind?

▷ Ist sich Ihr Mann noch der alleinigen Verantwortung bewußt, für seine Familie zu sorgen?

Bedrohungen sind nicht auf die körperliche Ebene beschränkt. Sie brauchen auch seelischen Schutz. Ihre Gefühle sind ein wunderbarer Bestandteil Ihrer Weiblichkeit, wenn sie sich in Liebe, Anerkennung, Wärme und Freundlichkeit äußern. Aber wenn Sie sich Verantwortungen aufladen, die eigentlich Ihr Mann tragen sollte, werden Sie häufig mit Situationen konfrontiert, die Sie unter einen unzumutbaren seelischen Druck setzen. Gefühle wie Wut, Enttäuschung und Schmerz werden dann wahrscheinlich die Folge sein. In manchen Situationen werden Sie sich vielleicht aus reiner Aufregung falsch verhalten, und am Ende kommt es womöglich so weit, daß Sie wütend werden und aus der Rolle fallen. Diese Gefahr lauert auch dann, wenn Sie sich mit aufdringlichen Vertretern, unerbittlichen Gläubigern, überempfindlichen Nachbarn oder auch Ihren eigenen uneinsichtigen Teenagern auseinandersetzen müssen. Ihr Mann hat die Aufgabe, als Beschützer solche Belastungen von Ihnen fernzuhalten.

Wenn sich also Ihr Nachbar das nächste Mal bei Ihnen darüber beschwert, daß Ihr Unkraut ihm seinen wohlgetrimmten englischen Rasen verdirbt, sagen Sie einfach: „Ich werde mit meinem Mann darüber reden." Das ist sein Problem, nicht Ihres. Ist das nicht eine Erleichterung?

Wenn Sie Ihren Verantwortungsbereich ausfüllen, können Sie sogar erwarten, daß Ihr Mann Sie vor gefühlsbeladenen Auseinandersetzungen mit den Kindern schützt. Er wird von den Kindern verlangen, Ihnen mit Achtung zu begegnen, weil er selbst Sie in Ihrem echten Frausein zu achten und zu schätzen lernt. Sie werden sein wie die Frau, die in Sprüche 31,25 beschrieben wird: „Kraft und Würde sind ihr Gewand, und sie lacht des kommenden Tages."

Wenn Sie nicht akzeptieren, daß die Finanzen in den Verantwortungsbereich Ihres Mannes fallen, kann es sein, daß die Sorge, wie Sie die Rechnungen bezahlen sollen, Sie gefühlsmäßig stark belastet. Aber wenn es wirklich Anlaß zur Sorge gibt, dann muß Ihr Mann sich Sorgen machen, nicht Sie. Männer haben die Gabe, diesem Druck standzuhalten. Natürlich sind Ihr Verständnis und Ihre Anteilnahme nötig.

Wenn Sie die Finanzen der Familie betreuen und die Rechnungen bezahlen, halten Sie inne, und fragen Sie sich einmal: „Warum mache ich das eigentlich?" Ihr Mann hat das Recht, Ihnen Aufgaben zu übertragen, und es könnte sein, daß er Sie um Ihre Hilfe gebeten hat. Wenn er Ihnen die Verantwortung dafür gegeben hat, die Rechnungen zu bezahlen, sollten Sie ihn unbedingt über den Stand der Dinge auf dem laufenden halten, damit er sich mit seiner Planung der Ausgaben darauf einrichten kann. Aber wenn Sie die Finanzen deshalb betreuen, weil Sie steuern wollen, was wofür ausgegeben wird, dann ist das ein Versuch, die Führung zu übernehmen. Sie drängen sich in den Verantwortungsbereich Ihres Mannes und verlassen dadurch Ihren Platz unter Gottes Schutzschirm.

Die meisten Frauen sind sich ihres Schutzbedürfnisses im geistlichen Bereich am wenigsten bewußt. Dabei ist dies eine ihrer verwundbarsten Stellen. Da Sie als Frau gefühlsorientierter sind, können Sie leichter dazu verlockt werden, Entscheidungen danach zu treffen, was Ihnen gefällt oder richtig erscheint, anstatt nach den Richtlinien, die uns im Wort Gottes vorgegeben sind.

Eva zum Beispiel traf ihre Entscheidung, von der verbotenen Frucht zu essen, aufgrund eines gefühlsmäßigen Anreizes, und die Folgen kennen Sie! „Und Adam wurde nicht verführt, die Frau aber hat sich zur Übertretung verführen lassen" (1. Timotheus 2,14). Wenn Sie Ihr Leben nicht am Wort Gottes ausrichten, werden Sie genauso leicht in die Irre gehen wie Eva.

Es sollte Ihnen eine Beruhigung sein, daß Gott Ihnen seinen Willen für Ihr Leben besonders durch Ihren Mann zeigen wird. Wenn Sie über einer bestimmten Angelegenheit gebetet haben und glauben, Gottes Willen zu kennen, dann wenden Sie Gottes letzte Prüfung an. Fragen Sie Ihren Mann, was Sie tun sollen. Vielleicht sagt er nein zu dem, was Gott Ihrer Meinung nach von Ihnen möchte, aber Gott kann den Standpunkt Ihres Mannes verändern. Die Bibel sagt: „Des Königs Herz ist in der Hand des HERRN wie Wasserbäche; er lenkt es, wohin er will" (Sprüche 21,1). Wenn Gott den Standpunkt eines Königs jederzeit verändern kann, kann er dann nicht auch Ihren Mann veranlassen, sich mit seinem Willen für Sie einverstanden zu erklären?

Sie dürfen darauf vertrauen, daß Gott Sie und Ihre Familie geistlich führt, ohne daß Sie Ihrem Mann Widerstand leisten müssen. Wenn Sie Gottes Schutzschirm verlassen und Ihrem Mann die geistliche Führung in Ihrer Familie streitig machen, müssen alle darunter leiden. Rebekka zum Beispiel tat sich mit ihrem Lieblingssohn Jakob zusammen, um ihren hochbetagten, blinden Mann Isaak hinters Licht zu führen (1. Mose 27). Durch ihren Betrug empfing Jakob den väterlichen Segen, der seinem Zwillingsbruder Esau zustand, und die Folge war viel Leid. Esaus mörderischer Haß verbannte Jakob für einundzwanzig Jahre voller Mühsal aus seiner Heimat, und Rebekka starb, ohne ihren Sohn noch einmal wiederzusehen. Wir können davon ausgehen, daß ihre Täuschung auch einen Keil zwischen sie und Isaak trieb. Gott hatte Rebekka gesagt, daß Jakob Herr über Esau sein würde (1. Mose 25,23). Wieviel Unglück entstand, weil Rebekka Gott nicht zutraute, das auf seine Weise auszuführen!

Die Haltung, die Sie Ihrem Mann gegenüber einnehmen, sagt etwas über Ihren geistlichen Zustand aus. Sie wehren sich gegen die Herrschaft Christi im gleichen Maß, wie Sie der Führung Ihres Mannes widerstehen. Sue hatte Probleme mit diesem Grundsatz, bis Christus ihn ihr eines Tages ganz deutlich machte. Sie arbeitete gerade in ihrem Blumengarten, als Bill sie bat, einen Knopf anzunähen. „Warum sollte ich mit dem aufhören, was ich gerade tue, um das zu tun?" dachte sie widerspenstig. „Ich werde es später tun, nicht jetzt."

Einen oder zwei Tage später empfing sie vom Heiligen Geist die Aufgabe, ihrer Nachbarin zu erklären, wie sie Christus persönlich kennenlernen könne. Sues unmittelbare Reaktion war: „Herr, ich werde es später tun, nicht jetzt." Ja, sie antwortete Christus mit den gleichen Worten wie ihrem Mann – dem, den Gott über sie gestellt hatte.

Gott will, daß Ihr Mann zwischen Ihnen und der Welt steht, um Sie vor körperlichen, seelischen und geistlichen Belastungen zu schützen, die Ihnen Schaden zufügen könnten. Wenn Sie Ihrem Mann dieses Vorrecht überlassen, werden Sie immer mehr die Freude erleben, eine wirklich weibliche Frau zu sein.

Wie Sie Ihrem Mann helfen können, Ihr Haupt zu sein

Jetzt sagen Sie vielleicht: „Gut, Sie haben mich überzeugt, daß mein Mann das Haupt unserer Familie sein sollte, aber er ist es einfach nicht." Denken Sie daran, daß Gott Ihrem Mann nicht auftragen würde, der Leiter zu sein („Denn der Mann ist das Haupt der Frau, wie auch Christus das Haupt der Gemeinde ist", Epheser 5,23), ohne ihm auch die Fähigkeit dazu zu geben. Mit Gottes und Ihrer Hilfe kann Ihr Mann diese Aufgabe erfüllen, wie Gott es von ihm erwartet.

Sollten Sie in Ihrer Familie freiwillig oder unfreiwillig die führende Position übernommen haben, können Sie anfangen, sich daraus zurückzuziehen, indem Sie Ihrem Mann nach und nach die Verantwortungen wieder übergeben, die er am ehesten zu übernehmen bereit ist. Wenn Sie damit anfangen, den Kindern zu sagen: „Geht und fragt Papa. Er ist das Haupt unserer Familie", dann sind sie vielleicht ebenso überrascht wie ihr Vater, aber das ist ein guter Anfang.

Wenn er durch die Zeichen Ihres Vertrauens in seine Führung überzeugt ist, daß seine führende Position eine dauerhafte Einrichtung und nicht nur ein vorübergehender Tick von Ihnen ist, wird er wahrscheinlich anfangen, positiv darauf zu reagieren. Es wird ihm sicherlich gefallen und sein Selbstvertrauen stärken, Verantwortung zu übernehmen und zu erleben, wie Sie und die Kinder seinen Rat und seine Entscheidungen befolgen. Nach und nach wird er sicherer werden und seine neue Position genießen.

Natürlich ist es möglich, daß Sie gegenüber der Führung Ihres Mannes gewisse Vorbehalte haben. „Was ist, wenn er die falschen Entscheidungen trifft?" Nun, denken Sie einfach daran: Ihrem Mann zu vertrauen bedeutet eigentlich, Jesus Christus zu vertrauen. Er hat versprochen, Sie durch Ihren Mann zu leiten. Er kann sogar die Fehler Ihres Mannes dazu benutzen, ihm – und Ihnen – wertvolle Lektionen zu erteilen, wenn Sie unter Gottes Schutzschirm bleiben. Denken Sie an Römer 8,28: „Wir wissen aber, daß denen, die Gott lieben, alle Dinge zum Besten dienen, denen, die nach seinem Ratschluß berufen sind."

Nehmen wir an, Ihr Mann hat eine wichtige geschäftliche Entscheidung zu treffen und bittet Sie um Ihren Rat. Sie warnen vor dem Vorhaben, aber er übergeht Ihre Empfehlung und führt es durch. Wie Sie es vorausgesehen haben, erweist sich die Entscheidung als Fehler. Nun haben Sie die Wahl: entweder können Sie Gott die Möglichkeit, Ihren Mann etwas zu lehren, verderben, indem Sie sagen: „Hab' ich dir ja gleich gesagt", oder Sie können eine tröstende, verständnisvolle Haltung einnehmen. Mit Ihrer richtigen Einstellung in dieser Situation können Sie beide aus seinem Fehler Nutzen ziehen. Sie könnten zum Beispiel die Erkenntnis gewinnen, daß Sie Ihr Vertrauen auf Geld gesetzt haben, anstatt sich darauf zu verlassen, daß Christus für Sie sorgt.

Wenn Sie eine liebevolle Haltung bewahren und Gott vertrauen, wird er sich unmittelbar mit Ihrem

Mann befassen können, ohne gegen die Einmischungen einer nörgelnden Frau arbeiten zu müssen.

Die Verheißung in Römer 8,28 gilt sowohl Ihnen als auch Ihrem Mann. Wenn Sie Fehler machen (und das werden Sie), beten Sie darum, daß Gott etwas daraus macht, das ihn verherrlicht. Auf meinem Toilettentisch liegt eine Plakette, die mir oft eine Hilfe ist. Darauf stehen die Buchstaben „BHGGIMMNNF" (Bitte hab' Geduld, Gott ist mit mir noch nicht fertig). Nur Gott kann unsere Fehler nehmen und Segen daraus schaffen, während er uns Jesus ähnlicher macht.

Lassen Sie los! Entspannen Sie sich. Genießen Sie Ihre Freiheit in dem Bewußtsein, daß Ihr Mann nicht nur das Recht hat, die endgültigen Entscheidungen zu treffen, sondern auch die Verantwortung für die Folgen seiner Entscheidungen trägt. Widerstehen Sie der Versuchung, sich in seine Führung einzumischen, weil Sie den Eindruck haben, seine Entscheidungen seien zu kühn, zu hart oder falsch. Bestehen Sie nicht auf Ihrer Meinung, und versuchen Sie nicht, ihn zu beeinflussen. Reagieren Sie in entspannter Weise auf seine Führung, und Sie werden feststellen, daß Ihr Mann es Ihnen im Grunde recht machen will.

Immer wenn Peggy und Ken ihr Auto verkauften, gab es eine Diskussion darüber, ob sie nun den kleinen Wagen anschaffen sollten, den Ken wollte, oder den großen Kombi, von dem Peggy träumte. Normalerweise setzte sich Peggy mit ihrer Hartnäckigkeit durch. Nachdem sie gelernt hatte, wie sie auf die richtige Art ihren Rat beisteuern konnte, erzählte sie Ken einfach von ihrem Wunsch nach einem Kombi und überließ ihm die endgültige Entscheidung. Sie war sicher, daß er mit dem kleinen Wagen nach Hause kommen würde, denn schließlich hatte sie ihn nicht mit Argumenten überhäuft oder beeinflußt. Aber sie vertraute Gott, egal was dabei herauskam, und Ken kaufte den Kombi.

Das soll nicht heißen, daß immer alles nach Ihren Wünschen laufen wird. Marjorie wollte sehr gerne zu einem Gemeindefest gehen, aber Joe entschied, daß sie zu Hause blieben und ein Fußballspiel im Fernsehen anschauten. Dadurch, daß sie ihre Enttäuschung Jesus Christus übergab und sich mit Joe das Spiel ansah, fand Marjorie eine größere Freude, als wenn sie zu dem Fest gegangen wäre. Bevor sie gelernt hatte, die Entscheidungen ihres Mannes zu akzeptieren, hätte sie sicherlich geschmollt und ihnen beiden den Abend verdorben.

Sie können Ihrem Mann Mut machen, seine führende Position einzunehmen, indem sie ihm folgen und ihm sagen, wie sehr Sie es genießen, daß er das Ruder übernimmt. Wenn Sie Vertrauen in seine Fähigkeiten zeigen, wird es ihm erstrebenswerter erscheinen, weiterhin Haupt der Familie zu sein. Interessanterweise wird Ihr Mann führen, wenn Sie folgen; aber wenn Sie aggressiv werden, kann es sein, daß er sich zurückzieht. Sie nörgeln, und er wird sich dagegen auflehnen. Wenn Sie es ihm recht machen wollen, wird auch er es Ihnen recht machen wollen.

Nehmen Sie gewissenhaft Ihre Verantwortung gegenüber Ihrem Mann, Ihren Kinder und in Ihrem Heim wahr. Dann werden Ihre unterschiedlichen Aufgabenbereiche klarer voneinander abgegrenzt sein, und Ihr Mann wird in seinem Aufgabenbereich ebenso gewissenhaft sein wollen. Eine Frau machte einmal folgende Bemerkung: „Als ich eine bessere Ehefrau wurde, wollte mein Mann ein besserer Ehemann werden. Er will sich nie überflügeln lassen."

Ihr Mann kann auch dann das Haupt der Familie sein, wenn er nicht da ist, vorausgesetzt, Sie halten sich treu an seine Wünsche für Sie und die Familie. Zum Beispiel sind Sie vielleicht nicht immer darin einer Meinung mit ihm, daß Ihre Kinder an Wochenenden abends früh nach Hause kommen sollen. Achten Sie trotzdem darauf, daß sie auch dann zur üblichen Zeit heimkommen, wenn Ihr Mann auf einer Geschäftsreise ist. Sie können ihnen sagen: „Vater möchte, daß ihr um halb elf zu Hause seid, also verspätet euch nicht." Selbst wenn Ihr Mann für längere Zeit unterwegs ist, können Sie und die Kinder unter seiner schützenden Führung leben.

Bitten Sie Gott, Ihnen alle Bereiche zu zeigen, in denen Sie die Position Ihres Mannes eingenommen haben. Dann gehen Sie zu ihm und sagen Sie ihm, daß es falsch von Ihnen war, den Platz einzunehmen, den Gott ihm vorbehalten hat. Bleiben Sie nicht im allgemeinen; nennen Sie genau die Bereiche, in denen Sie sich vorgedrängt haben: indem Sie die Kinder bestraft haben, indem Sie es abgelehnt haben umzuziehen, als ihm eine Beförderung angeboten wurde, oder indem Sie sich nicht an seine Finanzplanung gehalten haben.

Sagen Sie ihm, daß Sie wissen, daß Gott ihm diese Position nicht nur anvertraut, sondern ihn auch fähig gemacht hat, sie auszufüllen. Bitten Sie ihn um Vergebung dafür, daß Sie durch Ihre Einmischung seine Fähigkeiten in Frage gestellt haben. Sagen Sie ihm, daß es Sie begeistert und Ihnen wohltut, zu wissen, daß Gott Sie durch ihn führen wird.

Das Beste von Gott für Sie

Wollen Sie das Beste von Gott? Das ist eine wichtige Frage, der Sie sich stellen müssen. Wenn sie das Beste von ihm empfangen, werden Sie in Ihrem Verstand und in Ihrem Herzen Frieden erfahren: „Großen Frieden haben, die dein Gesetz lieben; sie werden nicht straucheln" (Psalm 119,165).

Sara entschied sich für das Beste von Gott, als sie ihrem Mann folgte. „Wie Sara Abraham gehorsam war und ihn Herr nannte" (1. Petrus 3,6).

Das Beste von Gott liegt in seinem Wort offen zutage: „Du bist mein Schutz und mein Schild; ich hoffe auf dein Wort" (Psalm 119,114). Wenn das Wort Ihnen Jesus Christus und seinen Willen für Sie offenbart, wird es den Weg, der vor Ihnen liegt, erleuchten: „Dein Wort ist meines Fußes Leuchte und ein Licht auf meinem Wege" (Psalm 119,105).

Sein Wort gilt für immer, und er wird nicht aufhören, es in Ehren zu halten und zu tun, was er gesagt hat. „HERR, dein Wort bleibt ewiglich, so weit der Himmel reicht" (Psalm 119,89). „Denn du hast deinen Namen und dein Wort herrlich gemacht über alles" (Psalm 138,2). Gottes Wort muß die letzte Autorität in Ihrem Leben haben. Er kann Sie nur schützen, wenn Sie seinen Willen tun, nicht Ihren eigenen. „Glaubt ihr nicht, so bleibt ihr nicht" (Jesaja 7,9).

Gottes Autorität für Ehefrauen

In seiner Freundlichkeit und Gnade läßt Gott in seinem Wort keinen Zweifel daran, daß Sie nach seinem Willen Ihrem Mann gehorchen sollen. „Ihr Frauen, ordnet euch euren Männern unter wie dem Herrn" (Epheser 5,22). An vielen anderen Stellen finden wir die gleiche Aussage. Vielleicht möchten Sie sie nachlesen: 1. Petrus 3,1.5-6; 1. Mose 3,16; 1. Korinther 11,3.8-9; 1. Timotheus 2,11-12; Titus 2,2-4.

Die Worte „ordnet euch unter" in Epheser 5,22 deuten auf eine beständige Handlungsweise hin. Unterordnung soll ein Lebensstil sein. Eine Ehefrau hört nie auf, sich unterzuordnen. Man kann Unterordnung dem Urtext nach auch im militärischen Sinn verstehen – als eine Position, die der Ehefrau zugewiesen ist.

Obwohl Gott Ihnen diese Position zugewiesen hat, füllen Sie sie freiwillig aus. Er zwingt Sie nicht, sie einzunehmen, genausowenig wie er Sie zwingt, seinen Sohn als Ihren Erlöser anzunehmen. Der Ausdruck „wie dem Herrn" verhindert, daß aus dieser Unterordnung Sklaverei wird und stellt klar, daß es sich um ein freiwilliges Tun aus Liebe handelt. Sie ordnen sich Ihrem Mann freiwillig unter, weil Sie den Herrn lieben und ihm gehorsam sein und gefallen wollen, nicht weil Sie sich vor ihm fürchten.

Wenn Sie sich Ihrem Mann freiwillig und aus Liebe unterordnen, wird Ihr freundliches und liebevolles Wesen ihn anspornen, Sie liebevoll zu behandeln, zu pflegen und zu schützen.

Achten Sie jedoch darauf, daß keine der angegebenen Bibelstellen sagt: „Ordnen Sie sich unter, wenn Ihr Mann recht hat oder wenn er ein Christ ist oder wenn Sie absehen können, was dabei herauskommt." Nein, Gott läßt solche Ausnahmen von Ihrem Gehorsam Ihrem Mann gegenüber nicht zu.

Haben Sie jemals gehört, daß eine Frau Schwierigkeiten hatte, dem Gebot „Du sollst nicht stehlen" (vgl. 2. Mose 20,15) zuzustimmen? Vielleicht gibt es das, aber ich persönlich habe noch nie jemanden sagen hören: „Stehlen ist schon in Ordnung, wenn du hungrig bist, wenn dich keiner sieht oder wenn du etwas unbedingt haben möchtest." Gott will zweifellos nicht, daß wir stehlen. Wir akzeptieren das, weil er es deutlich gesagt hat. Dennoch weisen viele Frauen, die nie auf den Gedanken kämen zu stehlen, Gottes Gebot, sich ihren Männern unterzuordnen, zurück. Wenn Sie zu diesen Frauen gehören und Gott nicht auf der ganzen Linie gehorsam sein wollen, dann lassen Sie bitte nicht zu, daß dem Herrn die Schuld an dem Unheil, das Ihr Ungehorsam verursacht, zugeschoben wird. Geben Sie zu, daß Sie nach Ihrem eigenen Plan leben, nicht nach seinem.

Die meisten Frauen, mit denen ich rede, wollen Frauen Gottes sein und seinen Willen tun. Sie können aber nur dann im Zentrum seines Willens sein, wenn Sie dem gehorchen, den Gott als Autorität über Sie gesetzt hat – Ihrem Mann. Sie zeigen Gott Ihren Gehorsam, indem Sie sich Ihrem Mann unterordnen. Wenn Sie sich weigern, die Autorität Ihres Mannes anzuerkennen, wird Ihr Leben unerfüllt und unbefriedigend sein – das folgt unmittelbar daraus, wenn Sie Gottes Gebot in dieser Sache mißachten. Denken Sie daran, daß Sie sich nicht selbst degradieren oder eine minderwertige Position einnehmen, wenn Sie diese Autorität anerkennen und respektieren. Statt dessen gewinnen Sie Würde, Erfüllung, Weiblichkeit und die Freiheit, die Frau zu sein, die Gott aus Ihnen machen will. Gottes Plan ist ganz auf Ihr Wohl zugeschnitten.

Macht es Ihnen Angst, daß Sie Jesus Christus durch Ihren Mann vollständig gehorsam sein sollen? „Der HERR ist gerecht in allen seinen Wegen und gnädig in allen seinen Werken" (Psalm 145,17). Die Liebe Jesu Christi zu Ihnen ist so groß und umfassend, daß sie kaum zu begreifen ist. „Gott aber erweist seine Liebe zu uns darin, daß Christus für uns gestorben ist, als wir noch Sünder waren" (Römer 5,8). Nachdem er für Sie gestorben ist, wird er Ihnen wohl kaum einen Streich spielen wollen, indem er Ihnen eine Rolle zuweist, die Sie unglücklich macht.

Stellen Sie seine Liebe nicht auf die gleiche Ebene wie die Liebe der Menschen oder sogar darunter (das tun Sie, wenn Sie glauben, er würde Gehorsam mit Bestrafung vergelten). „Wer ist unter euch Menschen, der seinem Sohn, wenn er ihn bittet um Brot, einen Stein biete? oder, wenn er ihn bittet um einen Fisch, eine Schlange biete? Wenn nun ihr, die ihr doch böse seid, dennoch euren Kindern gute Gaben geben könnt, wieviel mehr wird euer Vater im Himmel Gutes geben denen, die ihn bitten!" (Matthäus 7,9-11).

Nehmen wir, um ein bekanntes Beispiel zu gebrauchen, einmal an, ich komme von einer Reise nach Hause, und meine Söhne begrüßen mich mit den Worten: „Mutter, wir haben dich vermißt, und wir haben beschlossen, von jetzt an alles zu tun, was du von uns möchtest."

Würde ich dann wohl antworten: „Oh, gut. Ich werde euch das Leben zu einer Last machen. Ihr werdet dreimal täglich Rosenkohl bekommen und nie wieder etwas tun dürfen, was euch Spaß macht. Es wird euch noch leid tun, euch so an mich ausgeliefert zu haben."

Natürlich würde ich das nicht sagen. Sobald ich damit fertig wäre, meine Söhne zu umarmen, würde ich vermutlich losgehen und ihnen die Dinge kaufen, die sie sich schon lange gewünscht haben. Wenn schon wir in unserer unvollkommenen menschlichen Liebe so reagieren, sollten wir von Gott gewiß nicht weniger erwarten. Seine Liebe ist vollkommen. Er streckt seine

Hand aus, um uns in unseren tiefsten Bedürfnissen zu dienen. Wenn wir einander vertrauen können, dann können wir erst recht dem Gott der Liebe und des Heils vertrauen. „... die vollkommene Liebe treibt die Furcht aus; denn die Furcht rechnet mit Strafe. Wer sich aber fürchtet, ist nicht vollkommen in der Liebe. Laßt uns lieben, denn er hat uns zuerst geliebt" (1. Johannes 4,18-19).

Sie dürfen froh sein, zu wissen, daß Gottes Wille für Sie Gehorsam Ihrem Mann gegenüber ist.

Absicherung für die Ehefrau

Da Gott in Epheser 5,24 sagt: „Aber wie nun die Gemeinde sich Christus unterordnet, so sollen sich auch die Frauen ihren Männern unterordnen in allen Dingen", sollten Sie nicht glauben, Sie seien eine Ausnahme. Vielleicht sagen Sie zuerst: „Sie kennen meinen Mann nicht! Er ist ungläubig. Er ist uneinsichtig. Bei manchen Ehepaaren mag das funktionieren, aber bei uns nicht."

Auch mit diesem speziellen Problem befaßt sich Gott in der Schrift: „Desgleichen sollt ihr Frauen euch euren Männern unterordnen, damit auch die, die nicht an das Wort glauben, durch das Leben ihrer Frauen ohne Worte gewonnen werden, wenn sie sehen, wie ihr in Reinheit und Gottesfurcht lebt" (1. Petrus 3,1-2). Offensichtlich wendet sich der Herr hier an Frauen, deren Männer ungläubig sind.

Ihre Unterordnung unter Ihren Mann ist ein Teil des Planes Gottes für die Ordnung in unserer Welt (vgl. 1. Petrus 2,13-18). Das Wort „desgleichen" in 1. Petrus 3,1 bezieht sich auf die Verse 13-14 und 18 des vorhergehenden Kapitels: „Seid untertan aller menschlichen

Ordnung um des Herrn willen, es sei dem König als dem Obersten oder den Statthaltern als denen, die von ihm gesandt sind zur Bestrafung der Übeltäter und zum Lob derer, die Gutes tun" (V. 13-14); „Ihr Sklaven, ordnet euch in aller Furcht den Herren unter, nicht allein den gütigen und freundlichen, sondern auch den wunderlichen" (V. 18).

Gott sagt, daß sein Plan für Sie Unterordnung unter den ist, dem Autorität über Sie verliehen wurde – tägliche bereitwillige Unterordnung unter Ihren Mann, ebenso wie Sie sich Ihrer Regierung oder einem Lehrer unterordnen würden. Wenn Sie also dem Herrn erlauben, Sie zu reinigen, zu füllen und Ihr Leben zu bestimmen, und wenn Sie sich Ihrem Mann von ganzem Herzen unterordnen, weil Gott sagt, daß er es so möchte, dann dürfen Sie sich darauf verlassen, daß Gott sein Wort erfüllt, indem er für Sie sorgt und Ihnen hilft, seinem Gebot zu folgen.

Erinnern Sie sich an 1. Korinther 10,13? „Bisher hat euch nur menschliche Versuchung getroffen. Aber Gott ist treu, der euch nicht versuchen läßt über eure Kraft, sondern macht, daß die Versuchung so ein Ende nimmt, daß ihr's ertragen könnt." Nun wissen Sie freilich nicht, wie Gott seine Verheißung erfüllen wird. Sie vertrauen einfach darauf, daß er es tut. Sollte Ihr Mann Sie bitten, etwas Unvernünftiges zu tun, dann kann Gott die Meinung Ihres Mannes ändern. Wie wir schon festgestellt haben: „Des Königs Herz ist in der Hand des HERRN wie Wasserbäche; er lenkt es, wohin er will" (Sprüche 21,1).

Vielleicht helfen Ihnen einige Beispiele, die sich wirklich zugetragen haben, die barmherzige Art und Weise zu verstehen, in der Gott Ihre Sache in die Hand nimmt, wenn Sie ihm gehorchen und Ihren Mann ehren.

Barbara war Christ geworden, ihr Mann Don aber nicht. Sie begann, regelmäßig in die Gemeinde zu gehen, und nahm auch die Kinder mit. Don schien zunächst durch ihren neuen Glauben und ihr Interesse an der Gemeinde verwirrt zu sein. Dann wurde er eifersüchtig und fühlte sich verletzt, weil sie ihre Sonntage nun ohne ihn verbrachte. Er hatte nicht den Eindruck, in ihrem Leben noch die Nummer eins zu sein.

Nachdem einige Wochen vergangen waren, hörte Barbara davon, daß sie sich als Ehefrau ihrem Mann unterordnen solle, ob er nun ein Christ sei oder nicht. Sie wollte dem Herrn gefallen, also nahm sie sich vor, sich darauf zu konzentrieren, ihren Mann zu ehren. Der Morgen des Ostersonntags kam, und sie und die Kinder waren schon auf dem Sprung in die Gemeinde, als Don aufwachte.

Barbara spürte sofort, daß Don unglücklich war. „Liebling, möchtest du, daß ich heute mit dir zu Hause bleibe?" fragte sie. „Du weißt doch, ich möchte, daß du glücklich bist. Wenn du mich und die Kinder lieber hier zu Hause haben möchtest, dann bleiben wir hier." Er antwortete nicht, aber sie spürte, er wollte, daß sie daheim blieb.

Sie und die Kinder zogen sich bequemere Sachen an, und sie suchte ein paar lustige Spiele für die Kinder heraus. Im Lauf des Vormittags wurde die Stimmung ihres Mannes besser und besser. Später am Tag rief Don die Kinder zu sich. Er nahm die Bibel zur Hand und sagte: „Kinder, ich möchte gerne, daß wir zusammen etwas in der Bibel lesen." Er las aus den Sprüchen vor und redete mit ihnen über das, was Gott gesagt hatte.

Natürlich wurde Barbara das Herz warm. Sie hatte ihrem Mann seinen rechtmäßigen Platz gegeben, und er war nicht mehr eifersüchtig auf ihre Beziehung zur Gemeinde und zu Jesus Christus. Hier nahm er doch tatsächlich die geistliche Führung in die Hand, obwohl er noch nicht einmal Christ war! Am Ende war der Tag wirklich viel besser als ein Ostergottesdienst, denn die

Familie saß zusammen, las in Gottes Wort und unterhielt sich darüber. Heute, ein Jahr danach, ist auch Don ein Christ. Freilich, es ist vorgekommen, daß Barbara nicht zur Gemeinde gehen konnte, nur um ihrem Mann seinen richtigen Platz in ihrem Leben zu geben. Aber vielleicht wäre er nicht Christ geworden, wenn sie nicht so auf ihn geachtet hätte.

Allison machte eine ganz ähnliche Erfahrung wie Barbara. Nur war sie so erzogen worden, daß sie den Gottesdienstbesuch für eine absolute Verpflichtung hielt. Wann immer die Türen der Gemeinde sich öffneten, hatte man hineinzugehen. Dabei empfand sie eine gewisse Selbstgerechtigkeit. Aber Allison hatte einen Mann geheiratet, der Christus nicht liebte und keinen Wert darauf legte, in die Gemeinde zu gehen.

Eines Tages fing die Leiterin von Allisons Gemeindebibelkreis damit an, die biblischen Aussagen über die Unterordnung der Ehefrau weiterzugeben. An einem Sonntag nahm sie Allison zur Seite und sagte: „Dein Mann versteht einfach nicht, was in deinem Leben vor sich geht. Er ist eifersüchtig. Er kann geistliche Wahrheiten nicht verstehen; und wenn er will, daß du bei ihm zu Hause bleibst, dann solltest du das tun; so lange, bis er sicher ist, daß er in deinem Herzen den Platz hat, der ihm zusteht."

Allison war schockiert. So etwas hatte sie noch nie zuvor gehört. Aber als sie einsah, daß die Richtlinien der Unterordnung direkt aus Gottes Wort kamen, war sie damit einverstanden, sie auszuprobieren.

Am folgenden Sonntag machte Allison sich und die Kinder wie üblich für den Gottesdienst fertig. Ihr Mann Andy, ein Handlungsreisender, schlief lange. Als er erwachte und sah, daß sie auf dem Sprung in die Gemeinde war, begann er zu toben und zu fluchen und sagte, er sehe keinen Unterschied zwischen dem Leben der Leute in der Gemeinde und dem anderer Leute, er sehe keinen guten Grund, daß sie dort hingehe. Ganz still zog sich Allison um und legte bequemere Kleider an.

„Was tust du da?" fragte Andy verblüfft.

„Nun, offensichtlich willst du nicht, daß ich in die Gemeinde gehe", sagte sie. „Und ich liebe dich. Ich möchte, daß du glücklich bist. Schließlich habe ich nicht allzuviel Zeit mit dir verbracht, seit du außerhalb arbeitest. Also wäre es wohl richtig, wenn ich mit dir zu Hause bliebe. Außerdem möchte ich sowieso hören, was du diese Woche erlebt hast."

Andy stand aus dem Bett auf und umarmte sie mit Tränen in den Augen.

Allison erzählte, an diesem Morgen habe sie zum ersten Mal etwas in Andy bemerkt, das sie noch nie zuvor gesehen hatte – nur weil sie den Platz eingenommen hatte, den Gott ihr zuwies. Gott war in der Lage, in Andy Qualitäten zum Vorschein zu bringen, von denen sie nicht einmal wußte, daß sie vorhanden waren. Sie verbrachten einen glücklichen Tag miteinander.

Nach einigen Wochen begann Andy, mit ihr und den Kindern zur Kirche zu gehen. Das letzte, was ich hörte, war, daß Andy Christus noch nicht als Erlöser angenommen hatte, aber immer noch mit seiner Familie die Gottesdienste besuchte und sie sogar anspornte, das zu tun – alles nur, weil Allisons Beziehung zu Christus und ihrer Gemeinde nicht länger wie eine Bedrohung auf ihn wirkte.

Eigentlich wollen Männer nicht brutal oder tyrannisch sein. Sie verhalten sich so, weil sie sich ihrer Beziehungen zu ihren Frauen unsicher sind und verzweifelt darum kämpfen, die Position zu gewinnen, die Gott ihnen zugedacht hat. Wenn ein Mann erst einmal sieht, daß er um die Liebe seiner Frau nicht zu kämpfen braucht, daß er ihren Gehorsam und ihre volle Aufmerksamkeit hat, wird er sie seinerseits ihren eigenen

Aktivitäten und Interessen nachgehen lassen – solange sie das nicht auf seine Kosten tut.

Nun, wie ich schon sagte, Sie können nicht wissen, wie Gott in Ihrer speziellen Situation handeln wird. Vielleicht wird sich Ihr Mann nicht in der Weise verändern wie Don und Andy.

Lauras Mann John machte ihr ganz schön zu schaffen, nachdem sie ihm gesagt hatte, daß sie ihm gehorchen und ihm, anders als bisher, den ersten Platz in ihrem Leben einräumen wolle. Er war kein Christ und beschloß, sie auf die Probe zu stellen.

„Na schön, Laura, dann laß uns heute abend ins ‚Royal Three‘ gehen.“ Das „Royal Three“ war ein Nachtclub, in dem anstößige Unterhaltung geboten wurde.

Laura war erschüttert, ließ John aber nicht merken, wie sie sich fühlte. „Ich habe gesagt, ich werde tun, was du willst, also werde ich das auch tun“, sagte sie ihm.

Er konnte es einfach nicht glauben und fragte sie immer wieder: „Nun, was wirst du machen, wenn das und das passiert?“

„Ich werde tun, was du sagst“, erwiderte sie und begann sich zurechtzumachen. Sie waren fertig angezogen und dabei, sich auf den Weg zu machen, als John plötzlich von rasenden Kopfschmerzen überfallen wurde. „Liebling, ich kann nicht gehen“, sagte er ihr. Und sie gingen nicht. Gott hatte eingegriffen.

Auch Marilyns Mann forderte sie auf, mit ihm in einen Nachtclub zu gehen, und sie tat es. Sie hielt sich jedoch unauffällig und in einer Weise, die bei ihrem Mann keinen Anstoß erregen konnte, von einigen der Aktivitäten fern. Eine andere Frau, die auch dabeisaß und zuschaute, bemerkte, daß Marilyn nicht teilnahm, und kam herüber, um sich mit ihr zu unterhalten. Marilyn erklärte ihr, daß sie sich wegen ihres Glaubens an Jesus Christus von den Aktivitäten zurückhielt. So war Marilyn sogar in einem Nachtclub in der Lage, ihren Erlöser zu verherrlichen.

Sallys Problem war nicht so überwältigend. Eines Tages war die Familie bei ihrer Mutter zu Besuch. Die Mutter hatte einen Vorrat an besonders guter Blumenerde und bot Sally etwas davon für ihre Pflanzen zu Hause an. Sally nahm einen großen Eimer und füllte ihn damit. Aber als sie ihn ins Auto stellen wollte, sagte ihr Mann George: „Dieses Zeug wirst du nicht in unserem sauberen Auto mit nach Hause nehmen!"

„Aber George, ich kann doch Papier darunterlegen und den Eimer festhalten, so daß nichts herausfällt", antwortete Sally.

„Nein, ich will keinen dreckigen Eimer im Auto haben", sagte er. Und damit hatte es sich. Sally ließ sich nicht auf eine Diskussion ein, denn sie kannte die Richtlinien der Unterordnung unter ihren Mann. Sie sagte sich, sie könnte ja später mit dem Lieferwagen wiederkommen und sich die Erde holen, und vergaß die ganze Sache einfach. Aber als sie sich auf den Weg nach Hause machten, überraschte sie ihr Mann. „Nun geh nur und hol diesen Eimer Erde", sagte er. „Wenn du ihn wie versprochen festhältst, kann ja wohl nichts passieren."

Der kleine Zwischenfall veranlaßte Sally, sich an andere Gelegenheiten in ihrer Beziehung zu erinnern. Ihr wurde klar, daß George manchmal den Eindruck hatte, er sei nicht mehr das Haupt der Familie. Sie erkannte, daß er sanft wie ein Lämmchen war, solange er sich seiner sicher sein konnte und sich nicht bedroht fühlte.

So viele Eheprobleme rühren von einem falschen Verständnis der Beziehung zwischen Mann und Frau oder von der bewußten Weigerung der Frau her, sich ihrem Mann unterzuordnen. Es ist bezeichnend, daß in 1. Petrus 3,1-7 sechs Verse die Stellung der Frau behandeln, während nur einer den Ehemann belehrt. Die Stellung der Frau ist von entscheidender Bedeutung, und sie ist nicht leicht auszufüllen. Gott gibt sich besonders viel

Mühe, den Frauen Anweisungen zu geben, wie sie ihre Stellung ausfüllen sollen, damit sie nicht ins Extrem gehen und zu Sklavinnen werden, sondern sowohl ihre eigene Persönlichkeit als auch die Liebe ihrer Männer behalten.

Im Grunde ist Gottes Wort die Absicherung für die Frau. Gott hat in seinem Wort deutlich gemacht, daß er möchte, daß sie in allen Dingen ihrem Mann gehorcht. Wenn sie das tut, kann sie sich darauf verlassen, daß Gott auf ihren Mann in jeder notwendigen Weise einwirkt, damit die Frau den Willen Gottes tun kann.

Die Verantwortung der Ehefrau

Ihre Haltung gegenüber Gott und Ihrem Mann ist der Schlüssel zur Qualität, sowohl in Ihrer Beziehung zu Gott als auch in Ihrer Ehe. Wenn Sie sich Ihrem Mann nicht unterordnen wollen, bekennen Sie das dem Herrn. Vertrauen Sie ihm, daß er Ihr Leben bestimmt und Ihre Wünsche verändert. Sie werden voller Freude erleben, wie Gottes Wort in Ihrem Geist zu einer lebendigen Realität wird.

Gott macht Sie für Ihre Haltung und Ihre Beweggründe verantwortlich. Sie müssen ihm gegenüber ganz offen sein. Er läßt sich nicht täuschen. „Ein Mensch sieht, was vor Augen ist; der HERR aber sieht das Herz an" (1. Samuel 16,7). Versuchen Sie nicht, Ihr Verhalten zu erklären oder zu rechtfertigen. „Einen jeglichen dünkt sein Weg recht; aber der HERR prüft die Herzen" (Sprüche 21,2). Es ist entspannend und wohltuend, vor Gott offen und ehrlich zu sein. Er liebt Sie!

Auch mit Ihrem Mann können Sie nicht Verstecken spielen. Er kann spüren, ob Sie ihm bereitwillig oder zähneknirschend gehorchen. Verhalten Sie sich nicht wie jener kleine Junge, dessen Vater ihm bei einer Autofahrt sagte, er solle sich auf seinen Sitz niedersetzen. Der Junge weigerte sich. Schließlich drohte der Vater damit, anzuhalten und ihn übers Knie zu legen. Der Junge setzte sich, murmelte aber vor sich hin: „Ich setze mich hin, aber innerlich stehe ich." Sie können es sich nicht leisten, „innerlich zu stehen". Solche Widerspenstigkeit würde Ihnen und Ihrem Mann alle Freude rauben.

Denken Sie daran, daß die unvernünftigen Ansinnen oder Verhaltensweisen Ihres Mannes, sei er gläubig oder nicht, durch Ihre Haltung vermehrt oder vermindert werden können. Darum ist es so wichtig, daß Sie ihm aus reinen Motiven freiwillig gehorchen. (Natürlich ist die Grundvoraussetzung für eine ungestörte Beziehung zu Ihrem Mann eine ungestörte Beziehung zu Gott, frei von uneingestandener Sünde.)

Gottes Wort macht uns bewußt, daß Ehemänner für den Herrn gewonnen werden können, „wenn sie sehen, wie ihr in Reinheit und Gottesfurcht lebt" (1. Petrus 3,2).

Ihr Mann wird sehen, daß Sie nicht mehr über Dinge den Kopf verlieren, die Sie früher aufgeregt haben. Er bemerkt, daß Sie keinen Wutanfall mehr bekommen oder tagelang an ihm herumnörgeln, wenn er den ganzen Abend fortbleibt und Ihnen keinen Grund dafür nennt. Sie geben ihm seine Freiheit und nehmen ihn so an, wie er ist. Er sieht, daß Sie sich „durch nichts beirren" lassen (1. Petrus 3,6) und mehr Geduld für die Kinder aufbringen. Sie sind aufmerksamer. Sie beachten ihn; Sie hören ihm zu; Sie denken an ihn; Sie respektieren ihn; Sie genießen es, bei ihm zu sein.

Wenn Ihr Mann mit einer solchen Frau zusammenlebt, wird er es nicht vermeiden können, davon beeinflußt zu werden! Es kann nicht ausbleiben, daß sich seine Kanten abschleifen und er angeregt wird, zu dem Mann zu werden, den Gott aus ihm machen will. Es ist also Ihre Verantwortung, die Position auszufüllen, die Gott Ihnen zugewiesen hat, indem Sie Ihre Beziehung zu Ihrem Mann in Ordnung halten und alles andere Gott überlassen. Vertrauen Sie Gott, daß er an Ihrem Mann arbeitet und Schwierigkeiten so behandelt, wie er es als das beste erachtet. Gott sehnt sich danach, daß Sie ihm vertrauen.

Was ist mit meinem Ruf?

Eine kluge Frau wird alles daran setzen, Gott zu gehorchen. Ihr erstes Anliegen ist es, eine gelungene Ehe aufzubauen, und nicht, danach zu schauen, was andere von ihr denken, oder ihr Leben so auszurichten, daß es anderen gefällt. Mit anderen Worten, wenn Sie in einen Nachtclub gehen müssen, um Ihrem Mann zu gehorchen und ihn an die erste Stelle zu setzen, machen Sie sich keine Gedanken darüber, was andere sagen werden. Sorgen Sie sich auch nicht darum, wenn Sie nicht jeden Sonntag in die Gemeinde gehen können, wie Sie es gerne täten. Anders ausgedrückt, kümmern Sie sich nicht um Klatsch oder wohlgemeinte Ratschläge, selbst wenn sie von christlichen Freunden kommen.

Manche Christen werden sich darüber aufregen, wenn Sie nicht regelmäßig am Gottesdienst teilnehmen. Sie werden Sie auf Hebräer 10,25 hinweisen, wo es heißt, daß man die Versammlungen der Gläubigen nicht verlassen soll. Wenn sie Kritik an Ihnen üben, sagen Sie ihnen einfach, daß Sie nur für eine Weile auf die Gemeindeveranstaltungen verzichten, um später mit dem Segen Ihres Mannes – und hoffentlich mit ihm selbst – wieder zur Gemeinde zurückkehren zu können.

Natürlich sollen Sie regelmäßig die Bibel studieren, damit Gott zu Ihnen reden und Sie führen kann, während Sie nicht zur Gemeinde gehen können. Vielleicht kann Ihnen sogar eine Freundin die Predigten aufnehmen, und Sie können sie sich während der Woche anhören. Sie können auch tagsüber an einem Frauenbibelkreis teilnehmen oder andere Möglichkeiten zur Gemeinschaft mit Christen ausfindig machen. Auf diese Weise werden Sie Gottes Gebot im Hebräerbrief nicht brechen, wenn Sie sich Ihrem Mann unterordnen; lassen Sie sich also nicht einreden, es wäre so.

Ihre Verantwortung ist es, den Willen Gottes zu tun, nicht die Anerkennung anderer zu suchen. Jesus Christus sagte: „Ich kann nichts von mir aus tun. Wie ich höre, so richte ich, und mein Gericht ist gerecht; denn ich suche nicht meinen Willen, sondern den Willen dessen, der mich gesandt hat" (Johannes 5,30). Wenn selbst Jesus sagen konnte, er sei gekommen, um Gottes Willen zu tun, nicht seinen eigenen, dann sollten sicherlich auch Sie Gottes Willen in Ihrem Leben an die erste Stelle setzen.

In manchen religiösen Kreisen hatte Jesus keinen besonders guten Ruf. Manche frommen Leute warfen ihm vor, er sei ein Trinker (vgl. Lukas 7,34). Andere sagten: „Was ist das für ein Mensch, der sich mit Zöllnern, Prostituierten und Sündern abgibt?" (vgl. Matthäus 11,19). Jesus „entäußerte sich selbst und nahm Knechtsgestalt an, ward den Menschen gleich und der Erscheinung nach als Mensch erkannt" (Philipper 2,7).

Maria, die Mutter Jesu, hatte einen schlechten Ruf unter denen, die nicht an die jungfräuliche Geburt glaubten. Jemand hat gesagt, einer der Gründe, warum Joseph Maria mit nach Bethlehem nahm, war, daß er sie vor dem Klatsch zu Hause schützen wollte. Auch heute noch sagen manche, daß Jesus der uneheliche Sohn der Maria sei.

Wir gehören Jesus Christus. Wir können ihm vertrauen, daß er für uns sorgt – für sein Eigentum. „Er erquicket meine Seele. Er führet mich auf rechter Straße um seines Namens willen" (Psalm 23,3). Es ist sein Ruf, nicht Ihrer, um den es geht, wenn Sie ihm und Ihrem Mann gehorchen.

Schatten in der Dunkelheit

Viele Fragen und Befürchtungen sind das Ergebnis Ihrer Einbildungen und Sorgen. Regen Sie sich nicht über die Situation anderer oder über unbekannte Möglichkeiten auf. Jesus hat verheißen, all denen volle Genüge zu geben, die ihm für ihre *gegenwärtigen* Probleme vertrauen. „Denn Gott ist treu, durch den ihr berufen seid zur Gemeinschaft seines Sohnes Jesus Christus, unseres Herrn" (1. Korinther 1,9). Sorge um das, „was wäre, wenn ...", ist eine Sünde. „Alle eure Sorge werft auf ihn; denn er sorgt für euch" (1. Petrus 5,7). Lassen Sie das Licht Jesu Christi alle Ihre Ängste und „Schatten in der Dunkelheit" in nichts auflösen.

Einige hilfreiche Hinweise

Ihre Unterordnung unter Ihren Mann wird zu einem aufregenden Abenteuer werden, wenn Sie sich klarmachen, daß Ihnen diese Position unter anderem deshalb zugewiesen ist, damit Sie sich zu einer gereiften Persönlichkeit entwickeln können. Gottes Ziel mit seinen Kindern ist, daß sie wie Jesus Christus werden. „Denn die er ausersehen hat, die hat er auch vorherbestimmt, daß sie gleich sein sollten dem Bild seines Sohnes, damit dieser der Erstgeborene sei unter vielen Brüdern" (Römer 8,29). Gott möchte jede Situation Ihres Lebens gebrauchen, um Sie Jesus ähnlicher zu machen.

Gibt es einen Bereich, in dem Sie Probleme mit Ihrem Mann haben? Ist Ihnen schon einmal der Gedanke gekommen, diese Probleme könnten die Folge eines Mangels an Reife bei Ihnen sein? Jeder Mensch hat einen starken Eigenwillen – die alte, sündige Natur. Wenn dieser Eigenwille Ihr Leben beherrscht, wird Ihre Ehe unglücklich sein. Vielleicht gebraucht Gott einen despotischen Ehemann oder einen, der sich zurückzieht und Ihnen seine Verantwortungen überläßt, um Ihren Willen zu brechen.

„So auch ihr, haltet dafür, daß ihr der Sünde gestorben seid und lebt Gott in Christus Jesus" (Römer 6,11). Wenn wir unsere Wünsche durch den Willen Christi ersetzen, dann ist der anfängliche Schmerz, den wir spüren, wenn wir unserem Eigenwillen sterben, ein heilsamer Schmerz, auf den Friede und Erfüllung folgen. Wenn wir dazu nicht bereit sind, empfinden wir einen Schmerz, der wirkliches Leid verursacht.

Jesus Christus hat uns nie ein problemloses Leben versprochen. „Der Gerechte muß viel erleiden, aber aus alledem hilft ihm der HERR" (Psalm 34,20). Die Probleme dienen zu unserem Nutzen. „Es ist gut für mich, daß du mich gedemütigt hast, damit ich deine Gebote lerne. Die dich fürchten, sehen mich und freuen sich; denn ich hoffe auf dein Wort. ... deine Wahrheit währet für und für. Du hast die Erde fest gegründet, und sie bleibt stehen" (Psalm 119,71.74.90).

Ein weiterer Punkt, der zu berücksichtigen ist, ist die Stellung Ihres Mannes. Er ist ein Werkzeug in der Hand des Vaters. Sie sollen diese Stellung ehren und achten, nicht notwendigerweise seine ganze Persönlichkeit. Es mag sein, daß Ihr Mann Sie nicht versteht und Charaktermängel hat, die Ihnen zu schaffen machen, aber

Gott verspricht, daß er durch diese Mängel hindurch wirken kann, wenn Ihre Haltung seinem Willen entspricht. „Wenn eines Menschen Wege dem HERRN wohlgefallen, so läßt er auch seine Feinde mit ihm Frieden machen" (Sprüche 16,7). Wenn Gott Sie in die Lage versetzen kann, mit einem Feind in Frieden zu leben, dann kann er Ihnen sicherlich auch helfen, mit einem störrischen Ehemann in Frieden zu leben.

Sobald sich ein Problem zeigt, fragen Sie sich: „Was will mir Gott durch diese Situation sagen?" Wir verpassen viele wertvolle Lektionen, wenn wir nicht in dieser Weise auf Schwierigkeiten reagieren.

Jesus Christus mußte mir eine bestimmte Lehre viele Male erteilen, bevor ich verstand, was er mir klarmachen wollte. DeWitt hatte öfters sein Mißfallen darüber geäußert, daß ich häufig telefonierte, während er zu Hause war. Ich hielt das für unfair. Schließlich drang der Herr zu mir durch und zeigte mir, daß ich durch mein Verhalten mehr Rücksicht auf die Gefühle anderer bewies als auf meinen Mann. Als ich das einsah, begriff ich auch, wie falsch mein Verhalten war. Dadurch, daß ich in meiner Sturheit nicht früher verstand, was Gott mir beibringen wollte, hatte es viel unnötige Reibung gegeben. Gott sieht schwache Bereiche unseres Lebens – Bereiche, von denen wir selbst oft nichts merken – und möchte uns helfen. Der Psalmist sagte: „Ich halte deine Befehle und deine Mahnungen; denn alle meine Wege liegen offen vor dir" (Psalm 119,168).

Es wird Ihnen auch helfen, sich Ihrem Mann unterzuordnen, wenn Sie herauszufinden, worin seine wahre Motivation besteht. Das wird es Ihnen leichter machen, ihm eine Gehilfin zu sein. Warum will er Ihnen zum Beispiel nicht das Kleid kaufen, auf das Sie so wild sind? Will er Ihnen wehtun, oder denkt er an den Kassenstand?

Manche Männer sind süchtig nach Drogen, Alkohol

oder Glücksspielen. Der Drang zu spielen, das Bedürfnis nach der Spritze oder Betrunkenheit macht ihn vielleicht unzurechnungsfähig. Sollten Sie ihm unter solchen Umständen gehorchen?

Wenn Ihr Mann trinkt oder eine andere Gewohnheit hat, die seine Vernunft beeinträchtigt, finden Sie her aus, was seine grundlegenden Ziele sind oder seine Wünsche in besonderen Fällen, und gehorchen Sie diesen, nicht seinen unvernünftigen Forderungen, die er stellt, wenn er betrunken oder außer sich ist. In diesem Fall sind Sie ihm nicht ungehorsam, sondern tun das, was er Ihnen sagte, als er klar denken konnte.

Bill war ein Spieler und schien über seine Spielleidenschaft keine Kontrolle zu haben. Manchmal gewann er ungeheure Geldsummen, dann wieder verlor er alles, was er hatte. Endlich sah er ein, daß seine Spielsucht seiner Frau, seinen Kindern und ihm selbst Schaden zufügte. Eines Tages, nachdem er gerade eine größere Summe gewonnen hatte, ging er zu seinem Rechtsanwalt und beauftragte ihn, den Gewinn anzulegen. „Ich möchte, daß Sie einen Vertrag aufsetzen, der besagt, daß ich das Geld niemals anrühren kann. Es ist für die Zukunft meiner Kinder und für die unmittelbaren Bedürfnisse meiner Frau", sagte er dem Anwalt. „Und sollte ich auf den Knien zu Ihnen kommen und Sie bitten, den Vertrag aufzulösen und mir das Geld zu beschaffen, dann hören Sie mir gar nicht zu!"

Später ging er zu seiner Frau und bat sie, ihm etwas von dem Geld zu geben, aber sie lehnte ab, da sie wußte, daß er, solange er „bei Sinnen" war, nicht wollte, daß sie das Geld anrührte, es sei denn, sie brauchte es dringend.

Gott, der Heilige Geist, wird Sie befähigen, in allen Situationen weise zu reagieren. Sie werden überrascht sein, wie viele Möglichkeiten er Ihnen zeigen wird, den

Anweisungen Ihres Mannes zu folgen, ohne gegen Ihre persönlichen Überzeugungen zu verstoßen.

Vielleicht sagt Ihr Mann eines Abends, wenn er müde von der Arbeit nach Hause kommt: „Wenn jemand anruft – ich bin nicht zu Hause."

Was ist sein Motiv, Ihnen diesen Auftrag zu geben? Offensichtlich möchte er nicht gestört werden; es geht ihm nicht darum, Sie zum Lügen zu zwingen. Deshalb können Sie ihm sagen, daß Sie sich gerne um die Telefonanrufe kümmern werden, so daß er nicht gestört wird. Anrufern können Sie dann antworten: „Darf ich Ihren Namen und Ihre Nummer notieren? Mein Mann wird Sie zurückrufen, sobald es sich einrichten läßt."

Achten Sie sorgfältig auf Ihre Wortwahl, wenn Sie weise auf die Bitten Ihres Mannes reagieren wollen. Ihre Antwort darf keinen Tadel erkennen lassen oder die Ursache dafür sein, daß er sich schuldig fühlt. Ihr Gehorsam dem Wort Gottes gegenüber wird Ihnen helfen, Fingerspitzengefühl und ein gutes Urteilsvermögen zu entwickeln. „Lehre mich heilsame Einsicht und Erkenntnis; denn ich glaube deinen Geboten" (Psalm 119,66).

Wenn Ihr Mann eine falsche Entscheidung getroffen hat, denken Sie daran, daß Gott größer ist als er oder die Umstände; geben Sie Gott also Zeit, die Meinung Ihres Mannes zu ändern. Sie wissen ja: „Des Königs Herz ist in der Hand des HERRN wie Wasserbäche; er lenkt es, wohin er will" (Sprüche 21,1). „Er ändert Zeit und Stunde; er setzt Könige ab und setzt Könige ein; er gibt den Weisen ihre Weisheit und den Verständigen ihren Verstand" (Daniel 2,21).

Seien Sie nicht verblüfft über die Mittel, die Gott anwendet, um die Meinung Ihres Mannes zu ändern! Nachdem mein Mann beschlossen hatte, ein Motorrad zu kaufen, vergingen einige Monate, bevor Gott De-Witts Meinung über das Motorradfahren änderte. Gott nutzte diese Zeit, um mir etwas über seine Treue beizubringen. Es war mir ohne allzu große Schwierigkeiten gelungen, Christus zu vertrauen, was die Anschaffung eines Motorrads für DeWitt selbst betraf, aber als er davon redete, ein Mini-Motorrad für unsere Söhne zu kaufen, ging er meiner Meinung nach zu weit!

Ich machte Gebrauch von meinem Recht, ihm meine Bedenken bezüglich der vielen Gefahren des Motorradfahrens mitzuteilen. Er schien meine Ansicht zu teilen, und ich glaubte, die Sache sei erledigt. Später jedoch setzte er sich über meine Meinung hinweg und kaufte für die Jungen ein Mini-Motorrad. Ich wußte, daß es meine Aufgabe war, seine Entscheidung zu akzeptieren und die Folgen Gott zu überlassen. Ich legte die Sicherheit der Jungen in die Hände Gottes und freute mich im Glauben mit ihnen.

Ein paar Wochen später hatte DeWitt einen merkwürdigen Unfall, als er eines Abends in unsere Einfahrt einbog. Seine Knieverletzung reichte gerade aus, um ihn von den Gefahren des Motorradfahrens zu überzeugen. Es war seine eigene Entscheidung, das Motorrad drei Tage später zu verkaufen. Es war ebenso seine eigene Entscheidung, ein unerklärliches Loch, das wenig später im Motor des Mini-Motorrades auftauchte, nicht zu reparieren. Wenn Gott die Meinung eines Menschen ändert, tut er es vollständig.

Rechnen Sie mit Druck, während Gott daran arbeitet, die Meinung Ihres Mannes zu ändern. Ihr Mann wird Ihnen vielleicht sehr zu schaffen machen, nur um festzustellen, ob Sie wirklich entschlossen sind, eine Entscheidung von ihm, mit der Sie nicht einverstanden sind, zu unterstützen. Vertrauen Sie Christus, daß er Ihnen auch unter solchem Druck volle Genüge geben wird. „Gelobt sei der HERR, mein Fels, der meine Hände kämpfen lehrt und meine Fäuste, Krieg zu führen, meine Hilfe und meine Burg, mein Schutz und mein Erretter, mein

Schild, auf den ich traue, der Völker unter mich zwingt" (Psalm 144,1-2). Gott wird gerade diesen Druck gebrauchen, um in Ihnen einen starken Charakter zu entwickeln. „Nicht allein aber das, sondern wir rühmen uns auch der Bedrängnisse, weil wir wissen, daß Bedrängnis Geduld bringt, Geduld aber Bewährung, Bewährung aber Hoffnung" (Römer 5,3-4).

Ebenso wie der Ihre, so kann der Charakter eines jeden Mitgliedes Ihrer Familie durch Probleme und Anfechtungen gestärkt werden. Oft folgt mehr Schaden als Nutzen daraus, wenn Sie Ihre Angehörigen zu sehr beschützen. Durch Fehler, Leiden oder Probleme können sie wertvolle Lektionen lernen, die ihnen sonst verlorengingen. Sie sollten sie dieser Gelegenheiten nicht berauben.

„Habe deine Lust am HERRN; der wird dir geben, was dein Herz wünscht. Befiehl dem HERRN deine Wege und hoffe auf ihn, er wird's wohl machen" (Psalm 37,4-5). Der Schlüssel ist, Ihre Lust am *Herrn* zu haben, nicht an Ihren Wünschen. Wir müssen uns an Gottes Willen und Zeitplan halten, nicht an unseren.

Seien Sie auf alles vorbereitet! Gott kann Ihre Wünsche verändern. Kürzlich kauften wir eine neue Schlafzimmereinrichtung. Ich wollte gerne auch einen Kleiderständer haben, aber DeWitt meinte, wir bräuchten keinen. Meine erste Reaktion war Widerstand. Dann übergab ich meinen Wunsch dem Herrn. Als ich das tat, änderte Gott meinen Wunsch, so daß ich mit DeWitt übereinstimmen konnte. Mit Gottes Plan kann niemand verlieren.

Wenn Sie diese Einsichten umsetzen und Ihrem Mann „wie dem Herrn" vollkommen gehorsam sind, dann können Sie in Davids Freude über den Herrn einstimmen: „Unser Herr ist groß und von großer Kraft, und unbegreiflich ist, wie er regiert" (Psalm 147,5).

Unvergängliche Schönheit

Die meisten Frauen würden alles hingeben, um eine Schönheit zu besitzen, die zunimmt, anstatt zu vergehen, während sie älter werden. Aber gerade diese Schönheit ist das Erbteil jeder Frau, die Jesus Christus gehört. Über diese Schönheit heißt es in 1. Petrus 3,4 (HfA): „Nein, euch sollen vielmehr Eigenschaften von unvergänglichem Wert schmücken, wie Freundlichkeit und Güte; denn wahre Schönheit kommt von innen. Und diese Werte zählen vor Gott." Unvergängliche Schönheit beginnt innen, und ihre Ausstrahlung beeinflußt tatsächlich unsere äußere Erscheinung.

Möglicherweise machen Ihnen gewisse unveränderliche Züge schwer zu schaffen, die Sie für häßlich halten, wie etwa eine große Nase oder große Ohren, ein langes Gesicht oder ungewöhnliche Größe. Wenn Sie in Versuchung sind, sich über solche Merkmale Sorgen zu machen, dann denken Sie daran, daß Sie sie schon hatten, als Ihr Mann Sie kennenlernte. Diese Züge machen ihm nichts aus, denn sie sind ein Teil der ganzen Person, die er liebt. Danken Sie Gott für sie in dem Bewußtsein, daß sie in Gottes Plan für Ihr Leben ihren Sinn und Zweck haben. Wenn Sie ihm vertrauen, wird er gerade diese Züge zu Ihrem Besten gebrauchen.

Das Funkeln in Ihren Augen, ein warmes Lächeln, eine strahlende, frische, weibliche Art und ein freundliches, friedvolles Wesen bedeuten Ihrem Mann mehr als Ihre äußeren Züge. Was ein gereifter Mann in einer Ehefrau sucht, ist unvergängliche Schönheit. Natürlich sind die individuellen Vorlieben der Männer unterschiedlich. Der eine mag lieber eine stille, schüchterne Frau, der andere eine temperamentvolle, aus sich herausgehende, wieder ein anderer spricht besonders auf den dramatischen oder schillernden Typ an. Aber die Grundmerkmale der Schönheit sind dieselben. Unvergängliche Schönheit befriedigt die Frau, die sie besitzt, ebenso wie die Menschen in ihrer Umgebung.

Ihre innere Schönheit wird nur dann sichtbar, wenn Sie sich bewußt machen, daß Sie eine wertvolle Person sind: Denn „ihr wißt, daß ihr nicht mit vergänglichem Silber oder Gold erlöst seid von eurem nichtigen Wandel nach der Väter Weise, sondern mit dem teuren Blut Christi als eines unschuldigen und unbefleckten Lammes" (1. Petrus 1,18-19). Das Bewußtsein Ihres wahren Wertes durch das, was Christus für Sie getan hat, wird Ihnen helfen, Selbstachtung und Selbstvertrauen zu gewinnen. Die Menschen um Sie her werden Ihnen ihrerseits die gleiche Achtung entgegenbringen.

Die Quelle Ihrer unvergänglichen Schönheit ist die geistliche Verfassung Ihres Herzens. Ein freundliches Wesen und eine friedliche Grundeinstellung wird sich in Ihren Augen spiegeln und auf Ihrem Gesicht abzulesen sein wie auf einem empfindlichen Meßgerät. Wenn in Ihrem Herzen eine liebenswerte Haltung regiert, wird sie sich in einem angenehmen Ausdruck auf Ihrem Gesicht zeigen. Leuchtende Augen, ein warmes Lächeln und entspannte Gesichtsmuskeln sind Zeichen dafür, daß Ihr „Herz" in guter Verfassung ist. Stumpfe Augen, zusammengepreßte Lippen und eine gerunzelte Stirn dagegen sind Symptome für einen schlechten Zustand Ihres „Herzens". Und nur einer kann den Zustand des Herzens ändern – Jesus Christus, der Meisterarzt.

Gott will, daß Sie schön sind! Ihr himmlischer Vater möchte, daß Sie als „Königstochter" besonders attraktiv sind. Wie der Psalmist sagt: „Den König verlangt nach deiner Schönheit; denn er ist dein Herr, und du sollst ihm huldigen. Die Königstochter ist mit Perlen geschmückt; sie ist mit goldenen Gewändern beklei-det" (Psalm 45,12.14).

Gottes Schönheitssalon

Ihre Schönheit wird sich entwickeln, wenn Sie täglich einen Termin mit Gott in seinem „Schönheitssalon" wahrnehmen. Seine Schönheitskur ist kostenlos für alle erhältlich, die sich unvergängliche Schönheit wünschen und zu ihm kommen, um sich behandeln zu lassen. Die Kur schließt ein: regelmäßiges Bibelstudium, Gehorsam gegenüber den Richtlinien, die er Sie durch das Studium lehrt, und das Gespräch mit ihm im Gebet.

Am Beginn Ihrer Behandlung sollten Sie sich klarmachen, daß Ihre natürlichen Gedanken und Verhaltensweisen Gottes Gedanken und Wegen entgegenstehen. Ihre Gedanken sind von der Welt und von Ihrem sündigen alten Leben beeinflußt, die Gott feindlich gegenüberstehen. „Denn meine Gedanken sind nicht eure Gedanken, und eure Wege sind nicht meine Wege, spricht der HERR, sondern so viel der Himmel höher ist als die Erde, so sind auch meine Wege höher als eure Wege und meine Gedanken als eure Gedanken" (Jesaja 55,8-9).

Wenn Sie sich Gott anvertrauen, ganz so, wie Sie sich den Händen einer Kosmetikerin anvertrauen, dann arbeitet er daran, Ihre Schönheit zu entwickeln. Zu seiner Behandlung gehört es, unter seiner Schönheitslampe zu sitzen, die die Mängel in Ihrem Leben hinwegleuchtet – die Dunkelheit aus Ihrer Seele vertreibt und in ihr das Licht der Schönheit schafft.

In Epheser 4,17-18 wird unser natürlicher, sündiger Zustand „Finsternis" genannt: „So sage ich nun und bezeuge in dem Herrn, daß ihr nicht mehr leben dürft, wie die Heiden leben in der Nichtigkeit ihres Sinnes. Ihr Verstand ist verfinstert, und sie sind entfremdet dem Leben, das aus Gott ist, durch die Unwissenheit, die in ihnen ist, und durch die Verstockung ihres Herzens." Das einzige Mittel gegen diese Finsternis (falsche Gedanken, Einstellungen und Handlungen) ist das verwandelnde Licht Jesu Christi, das wahre Schönheit hervorbringt. Jesus sagte: „Ich bin das Licht der Welt. Wer mir nachfolgt, der wird nicht wandeln in der Finsternis, sondern wird das Licht des Lebens haben" (Johannes 8,12).

Vielleicht denken Sie jetzt: „Jesus Christus ist nicht mehr körperlich auf der Erde anwesend, um mein Licht zu sein." Sie haben recht. Er ist jetzt „zur Rechten des Thrones Gottes" (Hebräer 12,2). Doch obwohl Jesus Christus jetzt zur Rechten des Vaters sitzt, hat er alles, was Sie brauchen, in seinem Wort zurückgelassen. Er ist das lebendige Wort: „Im Anfang war das Wort, und das Wort war bei Gott, und Gott war das Wort" (Johannes 1,1).

Christus hat uns das Wort, das seine Gedanken in schriftlicher Form enthält, überlassen, damit es während seiner Abwesenheit seinen Platz einnimmt. „Denn wer hat des Herrn Sinn erkannt, oder wer will ihn unterweisen? Wir aber haben Christi Sinn" (1. Korinther 2,16). In seinem Wort hat er Ihnen alles gegeben, was Sie wissen müssen, während Sie hier auf der Erde sind. Sie brauchen nicht nach einer besonderen Offenbarung zu suchen. Um seinen Willen für Ihr Leben zu erkennen, brauchen Sie nur den persönlichen Brief zu lesen, den er jedem seiner Kinder geschrieben hat – die Bibel.

Sein Wort, das als „Weisheit" beschrieben wird, „wird dein Haupt schön schmücken und wird dich zieren mit einer prächtigen Krone" (Sprüche 4,9). Wenn

Sie es lesen, müssen Sie entscheiden, ob Sie ihm glauben wollen oder nicht. Ist Ihre Antwort positiv, so wird Gott, der Heilige Geist, der in allen Gläubigen lebt, dieses Wissen gebrauchen, um Sie innerlich aufzuerbauen und zu erleuchten. Das Licht des Wortes Gottes wird das Zwielicht der Sünde vertreiben, Sie reinigen und Jesus Christus ähnlich machen. „Ihr seid schon rein um des Wortes willen, das ich zu euch geredet habe" (Johannes 15,3).

Wenn Sie nein zu Gottes Wort sagen, mag das, was Sie lesen, als Kopfwissen in Ihrem Verstand bleiben, aber es wird Sie nicht verändern. Aber wenn Sie zulassen, daß Christus seine Gedanken durch Ihren Verstand denkt, und Ihr Verhalten an Gottes Maßstäben ausrichten, dann werden Sie Ausgeglichenheit, inneren Frieden, Erfüllung und Schönheit empfangen. Mehr noch, Christus sagte: „Wenn ihr in mir bleibt und meine Worte in euch bleiben, werdet ihr bitten, was ihr wollt, und es wird euch widerfahren" (Johannes 15,7).

Ob Sie ja oder nein zu Gottes Wort sagen, können Sie daran ermessen, wie Sie Gottes Wort in Ihrem täglichen Leben anwenden oder nicht anwenden. Zum Beispiel heißt es in 1. Petrus 5,7, daß Sie sich keine Sorgen machen, sondern ihm Ihre Probleme anvertrauen sollen. Wenn Sie sich weigern, ihm Ihre Probleme zu übergeben, indem Sie sagen: „Jeder würde sich in meiner Situation aufregen" oder: „Ich bin nun einmal jemand, der sich leicht Sorgen macht", dann leben Sie nach menschlichen Maßstäben, nicht nach den Maßstäben Gottes.

Gottes Wort kann Sie davor schützen, den Kopf zu verlieren, wenn Sie sich klarmachen, daß er auf jede Situation Ihres Lebens vorbereitet ist. „... alle Tage waren in dein Buch geschrieben, die noch werden sollten und von denen keiner da war" (Psalm 139,16).

Er weiß nicht nur alle Dinge, sondern hat bereits für

jede Situation, die Ihnen je begegnen wird, den Sieg für Sie errungen (vgl. 1. Korinther 10,13; 15,57). Und sein Licht reicht für alle Wege des Lebens: „Dein Wort ist meines Fußes Leuchte und ein Licht auf meinem Wege" (Psalm 119,105).

Gottes Wort wirkt auch wie ein Spiegel, da es die Mängel in Ihrer Schönheit offenbart (Jakobus 1,23-26). Diese Mängel oder Sünden bekümmern den Heiligen Geist (Epheser 4,30) und trüben das verwandelnde Licht Ihrer Schönheit. Das Bekennen der Sünde (vgl. 1. Johannes 1,9) gibt dem Heiligen Geist die volle Herrschaft zurück, so daß das Licht (das Wort) in alle Bereiche Ihres Lebens hineinleuchten und Sie in das Bild Jesu Christi verwandeln kann. „Ich ermahne euch nun, liebe Brüder, durch die Barmherzigkeit Gottes, daß ihr eure Leiber hingebt als ein Opfer, das lebendig, heilig und Gott wohlgefällig ist. Das sei euer vernünftiger Gottesdienst. Und stellt euch nicht dieser Welt gleich, sondern ändert euch durch Erneuerung eures Sinnes, damit ihr prüfen könnt, was Gottes Wille ist, nämlich das Gute und Wohlgefällige und Vollkommene" (Römer 12,1-2).

Auch das Gebet ist ein wichtiger Bestandteil in Gottes Schönheitsbehandlung. Jesus sagte: „Wenn ihr in mir bleibt und meine Worte in euch bleiben, werdet ihr bitten, was ihr wollt, und es wird euch widerfahren" (Johannes 15,7). Er sagte auch: „Wahrlich, wahrlich, ich sage euch: Wenn ihr den Vater um etwas bitten werdet in meinem Namen, wird er's euch geben" (Johannes 16,23).

Wenn Sie Ihren Lobpreis und Ihre Bitten und Bedürfnisse im Gebet in Jesu Namen vor Gott ausbreiten, dann verspricht Gott, Sie zu hören, Ihnen zu antworten und Sie mit Freude zu erfüllen. Und Freude kann das gewöhnlichste Gesicht zum Strahlen bringen.

Freilich müssen einige Bedingungen erfüllt sein, bevor Ihre Gebete erhört werden können. Wenn Sie

Sünde nicht bekennen, sondern verbergen, wird Gott Sie nicht hören (vgl. Psalm 66,18), und Ihre Freude wird verschwinden. Aber Sie können mit König David beten: „Schaffe in mir, Gott, ein reines Herz, und gib mir einen neuen, beständigen Geist. Erfreue mich wieder mit deiner Hilfe, und mit einem willigen Geist rüste mich aus" (Psalm 51,12.14). Wenn Sie nicht auf Gottes Wort hören wollen, werden Ihre Gebete vor Gott nicht angenehm sein. „Wer sein Ohr abwendet, um die Weisung nicht zu hören, dessen Gebet ist ein Greuel" (Sprüche 28,9).

Paulus sagt: „Betet ohne Unterlaß" (1. Thessalonicher 5,17). Nehmen Sie alle Dinge in Ihr Gebet (vgl. Philipper 4,6-7), und Sie werden den Frieden Gottes erfahren – ein weiteres wunderbares Schönheitsmittel.

Wenn Sie Zeit in Gottes Schönheitssalon verbringen, sein Wort lesen und es seine Wirkung in Ihrem Leben tun lassen und wenn Sie sich Zeit zum Beten nehmen, dann wird ganz sicher Gottes strahlendes Licht aus Ihrem Gesicht und Ihrer Persönlichkeit leuchten. Keine andere Schönheit ist wie diese.

Tödliche Fallen für die Schönheit

Die Schönheit, die Gott in Ihnen erschafft und durch Sie offenbart, kann zerstört werden, wenn Zorn, Angst oder Depressionen Ihr Leben bestimmen. Wenn fleischliche Emotionen Sie beherrschen, werden sie Ihre Schönheit und Ihre körperliche und geistliche Gesundheit angreifen. Ärzte schätzen, daß diese Gefühle 60 bis 90 Prozent aller Krankheiten verursachen. Da Sie nicht wollen, daß Ihre Schönheit zerstört wird, sollten Sie wissen, was Gottes Wort über diese tödlichen emotionalen Fallen zu sagen hat.

Zorn kann viele Formen annehmen: Neid, Intoleranz, Kritiksucht, Rachsucht, Haß, Auflehnung, Eifersucht und Unversöhnlichkeit. Vieles davon wird, zusammen mit anderen Erscheinungsformen des Zorns, in Epheser 4,31 erwähnt: „Alle Bitterkeit und Grimm und Zorn und Geschrei und Lästerung seien fern von euch samt aller Bosheit." Gott gebietet Ihnen, sich nicht von diesen fleischlichen Emotionen, die aus Ihrer alten Natur stammen, beherrschen zu lassen, denn er möchte, daß Sie glücklich und schön sind. Schauen Sie einmal in den Spiegel, wenn Sie zornig sind, und sehen Sie sich an, wie Ihre Schönheit befleckt wird.

Eine Ehefrau, die von Jesus Christus beherrscht wird, ist die höchste Freude ihres Mannes, aber wenn sie vom Zorn beherrscht wird, kann ihre Gegenwart eine Tortur sein: „Besser im Winkel auf dem Dach wohnen als mit einem zänkischen Weibe zusammen in einem Hause. Besser in der Wüste wohnen als bei einem zänkischen und zornigen Weibe" (Sprüche 21,9.19).

Haben Sie von jener Foltermethode gehört, bei der dem Opfer unaufhörlich in gleichen Abständen ein Wassertropfen auf den Kopf fällt? Die Bibel deutet an, daß eine zornige Frau dieser furchtbaren Qual ähnelt. „Ein zänkisches Weib (ist) wie ein ständig triefendes Dach. Ein zänkisches Weib und ein triefendes Dach, wenn's sehr regnet, lassen sich miteinander vergleichen" (Sprüche 19,13; 27,15).

Selbst wenn Gott ein Gebot nur einmal gibt, ist es wichtig genug. Die Tatsache, daß er in der Bibel immer wieder auf die Widerwärtigkeit einer zornigen Frau zu sprechen kommt, sollte Ihnen eine Warnung vor der Gefahr des Zornes sein. Gott möchte nicht, daß Ihnen diese Warnung entgeht.

Zorn hat es an sich, daß er sich vervielfältigt und sich

im Leben Ihres Mannes und Ihrer Kinder fortpflanzt. „Wind mit dunklen Wolken bringt Regen, und heimliches Geschwätz schafft saure Gesichter. Besser im Winkel auf dem Dache sitzen als mit einem zänkischen Weibe zusammen in einem Hause" (Sprüche 25,23-24). Könnte es vielleicht sein, daß Zornausbrüche in Ihrer Familie von Ihrer eigenen, vielleicht unbewußten, schlechten Laune verursacht wurden? In Ihrer Familie können sich Ihre Stimmungen, Haltungen und Gedanken widerspiegeln.

Der Grund für den Zorn liegt meistens in dem, was sich hinter dem häßlichen Wort „Selbstsucht" verbirgt. Wenn Sie zornig sind, liegt es normalerweise daran, daß Ihrer Meinung nach Ihre Rechte verletzt worden sind. Oder Sie möchten, daß etwas für Sie getan wird, und es wird nicht getan, oder umgekehrt. Sie können Ihre Schwächen entschuldigen und rechtfertigen und sogar in nachtragenden, bitteren Gefühlen schwelgen, aber die Motivation liegt immer noch in der Selbstsucht.

Machen Sie sich klar, daß die oben genannten Symptome, sollten Sie sie bei sich feststellen, beweisen, daß Sie von Ihrer alten, sündigen Natur beherrscht sind. Bekennen Sie sie als Sünde, und vertrauen Sie Christus, daß er Sie verändern wird.

Angst

Angst ist eine Falle, die sich auf Ihre Schönheit und Gesundheit ebenso zerstörerisch auswirkt wie Zorn. Keine Schminke kann die Unsicherheit, die Zweifel und Ängste überdecken, die sich auf Ihrem Gesicht widerspiegeln. Angst kann sich in Form von Beklemmungen, Zweifeln, Furchtsamkeit, Unentschlossenheit, Aberglauben, Zurückgezogenheit, Einsamkeit, Überreiztheit, Sorge, Minderwertigkeitsgefühlen, Feigheit,

Zaudern, Depression, Arroganz oder Schüchternheit äußern.

Was verursacht Angst? Schuldgefühle aufgrund von Sünde können die Ursache sein. Auf Adams und Evas erste Sünde – das Essen von der verbotenen Frucht – folgte Angst. „Und sie hörten Gott den HERRN, wie er im Garten ging, als der Tag kühl geworden war. Und Adam versteckte sich mit seinem Weibe vor dem Angesicht Gottes des HERRN unter den Bäumen im Garten. Und Gott der HERR rief Adam und sprach zu ihm: Wo bist du? Und er sprach: Ich hörte dich im Garten und fürchtete mich; denn ich bin nackt, darum versteckte ich mich" (1. Mose 3,8-10). Die Sünde veranlaßte sie dazu, sich zu verstecken, weil sie die Gegenwart des Herrn fürchteten, während sie vor ihrer Sünde seine Gegenwart und Gemeinschaft genossen hatten.

Sünde verursacht Angst, der man entweder körperlich oder geistig zu entkommen versucht. „Der Gottlose flieht, auch wenn niemand ihn jagt; der Gerechte aber ist furchtlos wie ein junger Löwe" (Sprüche 28,1). Man muß nichts beweisen oder rechtfertigen, wenn man nicht schuldig ist. Wenn Sie unschuldig sind, brauchen Sie keine Angst zu haben. Denn „die vollkommene Liebe treibt die Furcht aus; denn die Furcht rechnet mit Strafe. Wer sich aber fürchtet, der ist nicht vollkommen in der Liebe. Ihr Lieben, wenn uns unser Herz nicht verdammt, so haben wir Zuversicht zu Gott" (1. Johannes 4,18; 3,21).

Wenn Sie Schuldgefühle haben, liegt es vielleicht daran, daß Sie schuldig sind. Vergleichen Sie Ihr Verhalten mit dem Wort Gottes, um festzustellen, welches Ihr wirklicher Zustand ist. Wenn Gottes Wort Ihre Schuld sichtbar macht, bekennen Sie Ihre Sünde, und danken Sie Jesus Christus, daß er die Strafe dafür bezahlt hat, als er am Kreuz für Sie starb. Der Vater vergibt und vergißt Ihre Sünde durch das, was Christus für Sie getan hat. „So fern der Morgen ist vom Abend, läßt er unsre Übertretungen von uns sein" (Psalm 103,12). Blicken Sie nicht zurück, vergessen Sie die Sünde! Betrachten Sie die Akte als geschlossen.

Durch das, was Christus am Kreuz für Sie getan hat, dürfen Sie frei sein von der Last eines Schuldkomplexes. Wenn Sie schuldig sind, bekennen Sie Ihre Sünde, und nehmen Sie die Vergebung Christi an! Sollte Ihnen der Gedanke an Ihre vergebene Sünde wieder durch den Kopf gehen, danken Sie einfach Gott für seine Vergebung, und gehen Sie zur Tagesordnung über.

Angst kann auch durch Unkenntnis des Wortes Gottes oder Unglaube diesem Wort gegenüber entstehen. Der mangelnde Glaube des Petrus an Christus versetzte ihn in Schrecken:

„Aber in der vierten Nachtwache kam Jesus zu ihnen und ging auf dem See. Und als ihn die Jünger sahen auf dem See gehen, erschraken sie und riefen: Es ist ein Gespenst! und schrien vor Furcht. Aber sogleich redete Jesus mit ihnen und sprach: Seid getrost, ich bin's; fürchtet euch nicht! Petrus aber antwortete ihm und sprach: Herr, bist du es, so befiehl mir, zu dir zu kommen auf dem Wasser. Und er sprach: Komm her! Und Petrus stieg aus dem Boot und ging auf dem Wasser und kam auf Jesus zu. Als er aber den starken Wind sah, erschrak er und begann zu sinken und schrie: Herr, hilf mir! Jesus aber streckte sogleich die Hand aus und ergriff ihn und sprach zu ihm: Du Kleingläubiger, warum hast du gezweifelt?" (Matthäus 14,25-31).

Zunächst erkannte Petrus Jesus nicht und war verängstigt. Wenn Sie nicht erkennen, daß er die Macht hat, in der Welt Probleme zu lösen, können auch Sie Angst bekommen. Dann wurde Petrus durch sein Vertrauen zu Christus dazu fähig, ihm auf dem Wasser entgegenzugehen. Aber der starke Wind peitschte die See auf und erschreckte Petrus so sehr, daß er zu zweifeln begann, ob Christus genug Macht für ihn habe.

Ergeht es Ihnen nicht genauso? Wenn die Probleme oder auch nur die vorausgeahnten Probleme des Lebens Sie bedrohen, fangen Sie an, um sich selbst und Ihre Angehörigen Angst zu haben. Sie fürchten, daß Sie sich Situationen stellen müssen, für die Sie nicht stark genug sind. Und es stimmt, ohne Christus können Sie nichts tun (Johannes 15,5). Aber Sie können mit Paulus sagen: „Ich vermag alles durch den, der mich mächtig macht" (Philipper 4,13).

Jesus Christus trägt uns auf, uns nicht zu fürchten, und verspricht uns den Sieg, in welcher Situation auch immer wir sind. „Fürchte dich nicht, ich bin mit dir; weiche nicht, denn ich bin dein Gott. Ich stärke dich, ich helfe dir auch, ich halte dich durch die rechte Hand meiner Gerechtigkeit" (Jesaja 41,10).

Christus erinnert uns liebevoll an die wachsame Fürsorge unseres himmlischen Vaters. „Kauft man nicht zwei Sperlinge für einen Groschen? Dennoch fällt keiner von ihnen auf die Erde ohne euren Vater. Nun aber sind auch eure Haare auf dem Haupt alle gezählt. Darum fürchtet euch nicht; ihr seid besser als viele Sperlinge" (Matthäus 10,29-31).

Achten Sie auf die tödliche Falle, die Ihnen Satan durch die Angst gelegt hat. Berufen Sie sich auf Psalm 27,1: „Der HERR ist mein Licht und mein Heil; vor wem sollte ich mich fürchten?"

Depressionen

Die letzte tödliche Falle für Ihre Schönheit sind Depressionen. Der steigende Verbrauch von Beruhigungsmitteln und Antidepressiva läßt vermuten, daß Depressionen in der heutigen Gesellschaft zu den Hauptproblemen zählen.

Depressionen können sowohl durch einen anormalen körperlichen als auch durch einen anormalen geistlichen Zustand verursacht werden. Ein aus den Fugen geratener Stoffwechsel oder andere körperliche Fehlfunktionen können dafür verantwortlich sein, daß Sie depressiv sind. Wenn sie unter Depressionen leiden, sollten Sie zunächst einen Arzt befragen, um festzustellen, ob bei Ihnen körperliche Ursachen dahinterstehen. Sollte das der Fall sein, können Sie trotzdem sehr wohl vom Heiligen Geist beherrscht sein. Aber auch ein Verstoß gegen Gottes Maßstäbe kann Depressionen verursachen. Ein Leben nach Gottes Maßstäben ist ein erfülltes Leben, aber die Verletzung dieser Maßstäbe führt zu einem Dasein der Niederlage. „Das hast du zum Lohn für deinen Wandel und dein Tun. Das kommt von deiner Bosheit, daß es so bitter um dich steht und dir bis ans Herz dringt" (Jeremia 4,18). Der Herr erinnerte Kain an diesen Grundsatz, als dieser im Begriff war, seinen Bruder Abel zu ermorden. „Da sprach der HERR zu Kain: Warum ergrimmst du? Und warum senkst du deinen Blick? Ist's nicht also? Wenn du fromm bist, so kannst du frei den Blick erheben. Bist du aber nicht fromm, so lauert die Sünde vor der Tür, und nach dir hat sie Verlangen; du aber herrsche über sie" (1. Mose 4,6-7).

Depressionen können ein fortgeschrittenes Stadium von Zorn oder Furcht sein, die Sie zu lange in Ihrem Leben zugelassen haben. Wir haben bereits festgestellt, daß Zorn und Furcht im Grunde nichts anderes sind als Selbstsucht. Wenn man der Selbstsucht nachgibt, kann sie die Form des Selbstmitleids annehmen. Selbstmitleid ist sehr tückisch. Wir versuchen es oft zu rechtfertigen, indem wir denken: „Ich habe es nicht verdient, daß man mich so behandelt!" oder: „Wie undankbar mein Mann ist, nach allem, was ich für ihn getan habe!" Die elende Befriedigung, die das Selbstmitleid verschafft, ist ihren Preis – die Depression – nicht wert.

Sie können Depressionen vermeiden, indem Sie Ihre Gedanken auf Ihre Stellung in Christus statt auf die Umstände um Sie her richten. „Seid ihr nun mit Christus auferstanden, so sucht, was droben ist, wo Christus ist, sitzend zur Rechten Gottes. Trachtet nach dem, was droben ist, nicht nach dem, was auf Erden ist. Denn ihr seid gestorben, und euer Leben ist verborgen mit Christus in Gott. Wenn aber Christus, euer Leben, sich offenbaren wird, dann werdet ihr auch offenbar werden mit ihm in Herrlichkeit" (Kolosser 3,1-4).

Ihre Stellung der Einheit mit Christus ist die Grundlage Ihres gesamten geistlichen Lebens und Wachstums. Diese Stellung ist Ihnen für die Ewigkeit verliehen worden, als Sie Jesus Christus als Ihren persönlichen Erlöser annahmen. „Darum: Ist jemand in Christus, so ist er eine neue Kreatur; das Alte ist vergangen, siehe, Neues ist geworden" (2. Korinther 5,17).

Im Augenblick Ihrer Errettung begann für Sie eine dauerhafte Beziehung zu Gott, die Ihnen unter vielen anderen Dingen garantiert, daß Sie in Ewigkeit mit Gott leben werden. Für alle Ihre Sünden hat Christus bezahlt; Sie haben das Leben Christi (ewiges Leben), und Sie haben Anteil an der Gerechtigkeit und der Bestimmung Christi. Mit anderen Worten: Sie sind die Empfängerin einer Erbschaft, eine Erbin Gottes und Miterbin Christi. Wer sich auf seine Vorrechte in Christus konzentriert, verfügt gewissermaßen über ein Bankkonto, auf das ein Wohltäter ein riesiges Vermögen eingezahlt hat. Wer sich auf unangenehme Lebensbedingungen konzentriert, lebt in Armut und ist sich dieser verfügbaren Reichtümer nicht bewußt.

Was es bedeutet, Ihr Augenmerk auf Ihre Stellung in Christus zu richten, kann auch auf folgende Weise veranschaulicht werden: Stellen Sie sich einen Raum voller Frauen vor. Sie alle werden sich gedanklich mit verschiedenen Einzelheiten des Lebens beschäftigen. Die eine denkt vielleicht über die Frisur oder das neue Kleid ihrer Nachbarin nach. Eine andere denkt an ein Gespräch, das sie mit jemandem geführt hat. Aber wenn eine berühmte Persönlichkeit den Raum betritt, werden mit einem Schlag alle Frauen ihr Augenmerk nur noch auf diese Person richten. Ebenso sollen wir unser Leben und unsere Aufmerksamkeit auf die „berühmte Persönlichkeit" Jesus Christus und unsere Stellung in ihm richten. Dann werden auch die anderen Einzelheiten unseres Lebens ihren richtigen Platz bekommen, und wir werden anfangen, das Erbe zu genießen, das heute schon uns gehört.

Zu den vielen guten Dingen, die das Leben als Kind Gottes mit sich bringt, gehört auch dieses: Wenn Sie sündigen, brauchen Sie nicht unter der Herrschaft Ihrer alten, sündigen Natur, die Sie entstellt, zu bleiben. Sie können Satans Fallen und ihren verderblichen Folgen entgehen. „Solche Menschen können frei werden von den Schlingen des Satans, in denen sie sich verfangen hatten und sich von ihm für seine Zwecke mißbrauchen ließen" (2. Timotheus 2,26 HfA). Sie werden frei werden, wenn Sie die folgenden Schritte tun:

▷ Erkennen Sie Ihren Zorn, Ihre Angst oder Ihr Selbstmitleid als Sünde.
▷ Bekennen Sie Ihre Haltung oder Ihr Verhalten als Sünde.
▷ Nehmen Sie Christi Vergebung an, die er durch seinen stellvertretenden Tod am Kreuz für Sie erworben hat.
▷ Vertrauen Sie ihm, daß er die notwendigen Veränderungen in Ihrem Leben schenkt.

Mit Problemen und Belastungen fertig werden

Es gibt Probleme, die wir alle gemeinsam haben; und es ist hilfreich, zu wissen, was Gottes Wort uns über den Umgang mit diesen Problemen zu sagen hat. Wenn Sie Gottes Lösungen für die verschiedenen Situationen anwenden, wird Ihre geistliche Schönheit blühen.

Wie verhalte ich mich, wenn ich Fehler mache? „Wer seine Sünde leugnet, dem wird's nicht gelingen; wer sie aber bekennt und läßt, der wird Barmherzigkeit erlangen" (Sprüche 28,13). Geben Sie Ihre Fehler zu; versuchen Sie nicht, sie zu entschuldigen.

Millie wurde belohnt, als sie dies in die Tat umsetzte. Mitten in der Hektik eines Nachmittags, an dem sie alle Hände voll damit zu tun hatte, die Kinder rechtzeitig zu ihren verschiedenen Aktivitäten zu fahren, schloß sie versehentlich ihren Autoschlüssel im Wagen ein. Da ihr Mann Ralph den einzigen weiteren Schlüssel bei sich hatte, mußte sie ihn am Spätnachmittag an seinem Arbeitsplatz anrufen. Er hatte sich bisher nicht besonders verständnisvoll gezeigt, wenn sie Fehler gemacht hatte, und auch, als sie ihn jetzt anrief, klang seine Stimme nicht besonders glücklich.

„Es tut mir leid, daß ich dir nach so einem harten Arbeitstag solche Mühe mache", sagte ihm Millie. „Wir warten hier, bis du uns abholen kannst."

Als Ralph ankam, schien er von der Art, wie seine Frau sich auf ihn verließ, recht angetan zu sein. Anstatt ihr Vorwürfe zu machen, belohnte er sie, indem er die Familie zum Essen ausführte.

Seien Sie nicht enttäuscht, wenn Ihr Mann nicht so schnell wie Ralph auf Ihre Fehler positiv reagiert. Vielleicht müssen Sie seine Anerkennung über eine gewisse Zeit hinweg geduldig und liebevoll zurückgewinnen. Wenn das der Fall ist, schöpfen Sie Mut aus der Tatsache, daß Gott Ihnen sofort vergibt, auch wenn Ihr Mann das noch nicht gelernt hat. Sie werden Frieden haben, weil Sie wissen, daß Sie nach Gottes Willen leben, wie er in seinem Wort zu finden ist.

Was ist mit den Fehlern, die Ihr Mann macht? „Wer Verfehlung zudeckt, stiftet Freundschaft; wer aber eine Sache aufrührt, der macht Freunde uneins" (Sprüche 17,9).

Wie sollten Sie auf Kritik von Ihrem Mann reagieren? „Wende dein Herz hin zur Zucht und deine Ohren zu vernünftiger Rede" (Sprüche 23,12). „Wer gegen alle Warnung halsstarrig bleibt, der wird plötzlich verderben ohne alle Hilfe" (Sprüche 29,1). Nehmen Sie die Kritik Ihres Mannes als eine Ermahnung vom Herrn, Ihr Verhalten zu überprüfen und die notwendigen Korrekturen durchzuführen. Denken Sie daran, daß Gott ihn für seine Haushalterschaft zur Verantwortung zieht und ihn vielleicht gebraucht, um Mißstände in Ihrem Heim zu beseitigen.

In Sprüche 25,12 heißt es: „Ein Weiser, der mahnt, und ein Ohr, das auf ihn hört, das ist wie ein goldener Ring und ein goldenes Halsband." Es kann sein, daß Sie manchmal Kritik bekommen, die Sie für ungerechtfertigt halten. Wenn Sie aber die Kraft Christi in Ihnen gebrauchen, um eine angenehme und freundliche Haltung zu bewahren, wird Gott selbst ungerechte Kritik dazu benutzen, Ihre inneren geistlichen Qualitäten zu entwickeln.

Wie sollten Sie mit Auseinandersetzungen und Streit

umgehen? Sorgen Sie für eine schnelle Aussöhnung mit Ihrem Mann, wenn es irgendeinen Mißklang zwischen Ihnen gibt! „Vertrage dich mit deinem Gegner so-gleich, solange du noch mit ihm auf dem Weg bist" (Matthäus 5,25). Lassen Sie sich von Ihren verletzten Gefühle nicht davon abhalten, den ersten Schritt zu tun, um eine unerquickliche Situation zu bereinigen.

Ich hatte Gelegenheit, diesen Grundsatz anzuwen-den, kurz nachdem ich ihn kennengelernt hatte. Mein voller Terminkalender hielt mich von der Hausarbeit ab. DeWitt machte mich eines Morgens darauf auf-merksam, nachdem er mich gefragt hatte, wann ich ihm die Hosen in Ordnung bringen würde, die er mir schon vor Wochen gegeben hatte.

Ich spürte, daß ich keine so gute Ehefrau war, wie ich es gerne sein wollte, und fühlte mich verletzt. Aber ich ließ den Heiligen Geist meinen Schmerz lindern und schaffte es, richtig zu antworten: „Tut mir leid, daß ich die Hosen noch nicht in Ordnung gebracht habe, De-Witt. Danke, daß du mir hilfst, meine Prioritäten in die richtige Reihenfolge zu bringen."

Da das eine ganz ungewohnte Reaktion von mir war, war er ebenso verblüfft wie ich, sie zu hören. Nach ei-nem Moment des Schweigens sagte er: „Oh, das ist schon in Ordnung. Ich bin heute morgen nur ein wenig schlecht gelaunt und habe es an dir ausgelassen."

Er reagierte also freundlich, weil ich sofort und auf die richtige Art geantwortet hatte, anstatt mein Verhal-ten zu entschuldigen oder zu rechtfertigen.

Auseinandersetzungen und Streit sind am leichte-sten beizulegen, bevor sie außer Kontrolle geraten. „Wer Streit anfängt, gleicht dem, der dem Wasser den Damm aufreißt. Laß ab vom Streit, ehe er losbricht!" (Sprüche 17,14). Wenn man die Auseinandersetzung an-dauern läßt, bauen sich starke Mauern auf, die schwer wieder einzureißen sind. „Ein gekränkter Bruder ist abweisender als eine feste Stadt, und Streitigkeiten sind hart wie der Riegel einer Burg" (Sprüche 18,19).

Wie steht es mit unfreundlichen Bemerkungen, die Ihr Mann Ihnen gegenüber oder über Sie macht? Als erstes sollten Sie in Betracht ziehen, daß er Sie vielleicht nur necken will und keine Ahnung davon hat, wie sehr er Sie mit seiner vermeintlich harmlosen Bemerkung verletzt. Sie schulden es ihm und sich selbst, ihm zu sagen, wie Sie seine Worte empfinden. Er ist kein Gedankenleser; Sie können einander nicht verstehen, ohne miteinander zu reden.

Suchen Sie sich dafür einen Zeitpunkt aus, wo Ihre Beziehung zueinander ungetrübt und Ihr Mann in einer verständnisvollen Stimmung ist. Achten Sie darauf, daß Ihre Worte und Ihre Haltung liebevoll sind und nicht gegen andere Prinzipien verstoßen (indem Sie ihn etwa dazu bringen wollen, sich zu ändern oder sich schuldig zu fühlen). „Laßt uns aber wahrhaftig sein in der Liebe und wachsen in allen Stücken zu dem hin, der das Haupt ist, Christus" (Epheser 4,15).

Denken Sie daran: Sich liebevoll zu verhalten, bedeutet nicht, daß Sie ihm als Fußschemel dienen oder eine passive Haltung einnehmen. Sie können Liebe auf viele verschiedene Arten ausdrücken, auch lebhaft und kräftig; aber niemals mit einer verdammenden oder märtyrerhaften Haltung. Sie sollten auch realistisch sein. Wenn Sie den Ausfälligkeiten Ihres Mannes gegenüber eine unangebrachte, übermäßig gefällige Reaktion zeigen, stellen Sie sich damit auf ein Podest, wo Ihr Mann Sie nicht erreichen und lieben und eine normale und ehrliche Beziehung zu Ihnen haben kann.

Es mag zu Ihnen nicht passen, aber eine Frau aus meinem Bekanntenkreis teilt ihrem Mann ihre Gefühle durch übertriebene Worte und Handlungen mit. Wenn ihr Mann etwas sagt, das ihr nicht gefällt, streckt sie ihm spaßhaft die Zunge heraus oder zieht einen

Schmollmund. Wenn er sich nicht um sie kümmert, sagt sie in gespieltem Selbstmitleid etwas wie: „Ich gehe fort und esse grüne Würmer, bis ich sterbe. Dann wird es dir leid tun!" Durch solche Späße läßt sie ihren Mann wissen, was sie fühlt, ohne zornig zu werden. Ihr Mann bewundert ihre Schlagfertigkeit und ist fasziniert von ihr.

Sollte Ihr Mann, nachdem Sie ihm Ihre Gefühle mitgeteilt haben, von seinen unfreundlichen Bemerkungen nicht Abstand nehmen, können Sie den Grundsatz aus Sprüche 10,12 anwenden: „Haß erregt Hader; aber Liebe deckt alle Übertretungen zu." Wenn Sie Christus vertrauen, daß er Ihnen eine vergebende Haltung schenkt, wird er in Ihnen einen starken Charakter aufbauen.

Wie sollten Sie auf sündhafte geistige Haltungen (auf die mangelnde Bereitschaft, Vergebung anzunehmen, auf Stolz, Eifersucht, Bitterkeit, Rachsucht, Unversöhnlichkeit, Haß, Sorge, Zorn und Furcht) bei anderen Menschen reagieren, besonders bei Ihrem Mann? Wie immer hat Gott eine Antwort. „Antworte dem Toren nicht nach seiner Torheit, daß du ihm nicht gleich werdest" (Sprüche 26,4). Das Wort „Torheit" bezieht sich hier auf Sünden der geistigen Haltung.

Wenn Ihr Mann von einer sündigen Haltung wie etwa Bitterkeit beherrscht wird und Sie sich gefühlsmäßig von seinem Problem gefangennehmen lassen, stehen auch Sie in der Gefahr, fleischlichen Regungen zum Opfer zu fallen. Sie sollten sich nur in begrenztem Umfang und möglichst sachlich damit befassen. Wenn Sie nicht von seinem Gefühl mitgerissen werden, wird Gott unmittelbar an Ihrem Mann wirken und ihn je nach Notwendigkeit überführen oder züchtigen können. Jede Feindseligkeit, die Ihr Mann zum Ausdruck bringt, gilt in Wirklichkeit Gott. „Rächt euch nicht selbst, meine Lieben, sondern gebt Raum dem Zorn Gottes; denn es steht geschrieben [5. Mose 32,35]: ‚Die

Rache ist mein; ich will vergelten, spricht der Herr'" (Römer 12,19).

Wenn eine Antwort notwendig ist, sollte sie ruhig und liebevoll sein. „Eine linde Antwort stillt den Zorn; aber ein hartes Wort erregt Grimm" (Sprüche 15,1). Nur eine solche Antwort wird wirksam sein und die gewünschten Früchte ernten. „Durch Geduld wird ein Fürst überredet, und eine linde Zunge zerbricht Knochen" (Sprüche 25,15).

Vielleicht sagen Sie: „Mein Mann ist so grob in seinen Einstellungen und seinem Verhalten, daß ich ihn nicht achten und ehren kann, wie es Epheser 5,33 befiehlt. Wie soll ich diesem Gebot gehorsam sein?" Das christliche Leben ist ein Leben des Glaubens (d. h. Sie vertrauen Christus, daß er ist, wer und was er zu sein beansprucht – vgl. Hebräer 11,1.6). Sie dürfen sicher sein, daß Gott alles das in Ihnen vollbringen wird, was er Ihnen zu tun befiehlt. Wenn Sie im Glauben dem Gebot gehorsam werden, Ihren Mann zu achten und auf ihn einzugehen, dann wird Ihr Verhalten Liebe und Achtung beweisen, obwohl Sie diese Gefühle nicht verspüren. Gott ist treu und wird Ihren Gehorsam gegenüber seinen Geboten entsprechend Ihren Bedürfnissen belohnen.

Oft fühlen wir Frauen uns unnötigerweise verletzt, weil wir unsere Männer nicht verstehen. Fassen Sie die unangenehmen Verhaltensweisen und Einstellungen Ihres Mannes nicht als persönlichen Angriff gegen Sie auf. Machen Sie sich klar, daß beruflicher, körperlicher oder gefühlsmäßiger Druck der Grund für sein Verhalten sein könnte. Denken Sie daran, daß es Gottes Aufgabe ist, an diesem Problem Ihres Mannes zu arbeiten, nicht Ihre. Helfen Sie Ihrem Mann dadurch, daß Sie ihm Ihr Mitgefühl zeigen, anstatt seine Probleme noch zu verschlimmern, indem Sie schmollen, schimpfen oder irgend etwas anderes Schädliches tun, zu dem Sie neigen, wenn Sie verletzt oder beleidigt sind.

Viele Frauen haben mich gefragt: „Mein Mann bewundert und lobtmich nicht so, wie er es bei anderen tut. Wie kann ich ihn dazu bringen?" „Tut nichts aus Eigennutz oder um eitler Ehre willen, sondern in Demut achte einer den andern höher als sich selbst" (Philipper 2,3). Wenn Sie das Lob Ihres Mannes verlangen oder fordern, werden Sie Probleme verursachen und Gefühle verletzen.

Sie werden Lob und Ehre erlangen, wenn Sie sich auf Christus, sein Wort und seinen Willen für Ihr Leben ausrichten. Wenn Sie sich mit Christus beschäftigen, wird er Ihnen Lob und Ehre zukommen lassen. „Achte sie [die Weisheit] hoch, so wird sie dich erhöhen und wird dich zu Ehren bringen, wenn du sie herzest" (Sprüche 4,8). „Gnade und Treue sollen dich nicht verlassen. Hänge meine Gebote an deinen Hals und schreibe sie auf die Tafel deines Herzens, so wirst du Freundlichkeit und Klugheit erlangen, die Gott und den Menschen gefallen" (Sprüche 3,3-4). Wenn Gottes Wort Ihr Herz erfüllt und bestimmt, werden Sie das Lob Ihres Mannes erlangen. Warten Sie darauf; fordern Sie es nicht.

Wie sollten Sie auf das Lob Ihres Mannes oder anderer Menschen reagieren? „Ein Mann bewährt sich in seinem Ruf wie das Silber im Tiegel und das Gold im Ofen" (Sprüche 27,21). Sie werden mit Stolz keine Probleme haben, wenn Sie sich stets daran erinnern, daß Sie einfach ein Gefäß sind, das Gott gebraucht, um seine guten Werke zu tun. Die beste Art, auf Komplimente oder Lob zu reagieren, ist ein schlichtes „Danke schön!".

Wenn Sie sich selbst mit anderen vergleichen oder befürchten, daß andere Sie nicht annehmen, wie Sie sind, wird das immer Probleme verursachen. Verderben Sie Ihre Schönheit nicht, indem Sie Ihre Augen auf andere Menschen richten – und damit zulassen, daß diese Ihre

Einstellungen, Ihr Verhalten und Ihre Reaktionen beherrschen. Leicht denkt man: „Wenn ich wie Susan wäre, hätte mein Mann mich lieber." Aber es nützt überhaupt nichts, die Kleidung, das Benehmen oder die Persönlichkeit anderer zu kopieren. Ihr Mann hat sich für Sie entschieden, weil Sie ihm besser gefielen als andere. Sie können von anderen Frauen Schönheitstips oder Benimmregeln aufschnappen, aber versuchen Sie nicht, zum Duplikat einer anderen Frau zu werden.

Die Angst, nicht angenommen zu werden, wird in Sprüche 29,25 beschrieben: „Menschenfurcht bringt zu Fall; wer sich aber auf den HERRN verläßt, wird beschützt." Diese Furcht ist nicht vom Herrn: „Denn Gott hat uns nicht gegeben den Geist der Furcht, sondern der Kraft und der Liebe und der Besonnenheit" (2. Timotheus 1,7).

Auch wenn Sie sich zu viele Gedanken darüber machen, wie andere auf Ihren Mann reagieren, kann das zwischen Ihnen beiden Probleme verursachen. Ob das bei Ihnen der Fall ist, können Sie daran erkennen, daß Sie Ihren Mann korrigieren, sein Verhalten oder seine Äußerungen durch zusätzliche Erläuterungen zu erklären versuchen oder sich für sein Benehmen entschuldigen. Er wird Ihre Bemerkungen als ein Zeichen auffassen, daß Sie ihm nicht zutrauen, mit einer Situation fertig zu werden oder bei anderen einen guten Eindruck zu hinterlassen. Er wird das Gefühl haben, daß Sie ihn nicht annehmen, wie er ist, und ihm in seine Beziehungen zu anderen hineinfunken wollen. Und damit hat er recht.

Wenn Ihr Mann sich nicht klar ausgedrückt hat oder mißverstanden wurde, lassen Sie ihn selbst das Problem lösen. Nur dann wird er Selbstvertrauen gewinnen und sein Geschick im Gespräch und im Umgang mit anderen verbessern. Ihre Verantwortung ist es, ihn zu ermutigen und aufzurichten, nicht, ihn zu bemuttern, zu korrigieren oder zu bessern. Sie können unnötige Enttäuschungen und Spannungen vermeiden, wenn Sie sich die Frage stellen: „Dränge ich mich hier in eine Verantwortung, die mir als Ehefrau nicht zusteht?"

Was auch immer die Ursache für Ihre Unruhe, Ihren Unfrieden oder Ihre Verwirrung ist, Gott hat in seinem Wort den Weg aufgezeigt, auf dem Sie zu Harmonie und Frieden gelangen können. Fragen Sie sich: „Kann das Problem, das uns Ärger macht, gelöst oder aus dem Weg geräumt werden?" Wie Sie eine knarrende Tür ölen können, so können Sie auch manche Störungsursachen in Ihrer Familie in Ordnung bringen. Wenn möglich, beseitigen Sie das Problem. Andernfalls vertrauen Sie Gott, daß er Gebrauch davon macht, Sie in sein Bild umzuformen. Er hat verheißen: „Wenn eines Menschen Wege dem HERRN wohlgefallen, so läßt er auch seine Feinde mit ihm Frieden machen" (Sprüche 16,7).

Ihre innere Schönheit wird sichtbar, wenn Sie lernen, auch kleine Ärgernisse gelassen zu nehmen und Christus zu erlauben, daß er diese Dinge gebraucht, um eine liebenswertere Person aus Ihnen zu machen. Eines Tages war Judy in großer Eile und verschüttete Milch auf dem Rücksitz ihres Autos. Anstatt in Panik zu geraten oder wütend zu werden, fragte sie Gott, was er ihr durch dieses Ärgernis zeigen wollte. Sofort ermahnte er sie, daß sie dringend ruhiger werden und die Dinge langsamer tun müsse. Als sie mit ihrem Mann über diesen Gedanken sprach, sagte er: „Du bist innen und außen schön!"

Im Glauben aus Gottes Fülle leben

„Glaube" ist ein anderes Wort für das Vertrauen auf das, was Gott in seinem Wort sagt, obwohl es dafür keinen sichtbaren Beweis gibt. Das christliche Leben ist ein Leben des Glaubens (2. Korinther 5,7). Viele Schritte tun Sie im Glauben: Im Glauben empfangen Sie Christus; im Glauben erhalten Sie Vergebung für Ihre Sünden; im Glauben werden Sie vom Heiligen Geist beherrscht. Aber die Ergebnisse hängen nicht davon ab, *wie viel* Glauben Sie haben, sondern *an wen* Sie glauben – Jesus Christus.

Gott möchte, daß Sie sich im Glauben an seiner vollkommenen Fürsorge für Ihre täglichen Bedürfnisse erfreuen. Und es ist wunderbar, zu wissen, daß Sie zu dem Zeitpunkt, da Sie Christus aufnahmen, gleichzeitig auch alles empfangen haben, was er zu geben hat, um diese Bedürfnisse zu befriedigen: „Gelobt sei Gott, der Vater unseres Herrn Jesus Christus, der uns gesegnet hat mit allem geistlichen Segen im Himmel durch Christus" (Epheser 1,3).

Damit ist nicht eine ekstatische neue Erfahrung gemeint. Sie brauchen nur durch das Wort zu entdecken, was Ihnen in Christus bereits gehört, und es im Glauben anzunehmen (vgl. Kolosser 2,3).

Sie sollen alle Ihre Entscheidungen ausschließlich auf der Grundlage der festen und unveränderlichen Tatsachen des Wortes Gottes treffen und nicht danach, wie Sie sich fühlen. Stimmungen und Gefühle kommen und gehen, aber Gottes Wort ändert sich nie. Manchmal können Ihre Gefühle ein Ansporn und eine Ermutigung für Sie sein, aber zu anderen Zeiten ziehen sie Sie herab. Daran sehen Sie, daß Ihre Gefühle niemals die Grundlage für Ihr Handeln sein sollten. Ihr Handeln muß sich auf die Wirklichkeit Gottes und das, was er für Sie getan hat, gründen. Ein Leben im Glauben an Christus wird nicht immer leicht sein, aber es ist die einzige Art zu leben, die unzerstörbare Schönheit bietet.

Gott lehrte Mose, daß er im Glauben allem gehorchen konnte, was Gott sagte (vgl. 2. Mose 4,2-4). Der Herr fragte Mose: „Was hast du da in deiner Hand?"

Mose antwortete: „Einen Hirtenstab."

„Wirf ihn auf den Boden!" befahl ihm der Herr.

Moses Stab war ihm als Hirten vertraut und nützlich. Er hatte keinen Grund, ihn vor Gott hinzuwerfen, außer dem, Gott zu gehorchen. Mose vertraute und gehorchte Gott allein auf der Grundlage seines Wortes, nicht weil die Aufforderung ihm sinnvoll erschien. In dem Augenblick, da Mose gehorchte und seinen Stab hinwarf, verwandelte er sich in eine Schlange, und Mose floh.

Da sagte der Herr zu Mose: „Pack' sie am Schwanz!"

Mose hätte nun antworten können: „Aber was ist mit dem Kopf, Herr? Ich habe Angst!" Statt dessen vertraute Mose wiederum Gott, und die Schlange wurde in seiner Hand zu einem Stab. Wenn wir unsere Verantwortung erfüllen, indem wir dem Herrn gehorchen und vertrauen, können wir uns darauf verlassen, daß er alle Einzelheiten einer Situation zu unserem Nutzen zusammenwirken läßt. Mose bekam seinen Stab wieder, aber die Schlange (als Sinnbild für alles Schädliche) verschwand.

Fällt es Ihnen schwer, dem Herrn eine Einzelheit Ihres Lebens zu übergeben, wie es Mose vielleicht schwerfiel, dem Herrn zu gehorchen und seinen Stab hinzuwerfen? Könnte es sein, daß Sie nicht bereit sind, dem Herrn Ihren Mann, Ihre Kinder, Ihre Tätigkeit oder Ihren Besitz völlig anzuvertrauen? Auch Sie können Gottes vollkommene Fürsorge im Glauben annehmen und erfahren, indem Sie alle Bereiche Ihres Lebens Christus übergeben, in dem Wissen, daß sie unter seiner Herrschaft gereinigt und von Gefahren befreit sein werden. Wenn Sie ihm Ihre Lebensbereiche anvertrauen, verlieren Sie dabei nichts; aber Sie gewinnen ein erfülltes Leben. Sie können ihm vertrauen.

Eine andere Möglichkeit, Gottes vollkommene Fürsorge für Sie anzunehmen, besteht darin, ihm für *alles* in Ihrem Leben zu danken. „Seid dankbar in allen Dingen; denn das ist der Wille Gottes in Christus Jesus an euch" (1. Thessalonicher 5,18). Indem Sie Gott für alle Dinge in Ihrem Leben danken, zeigen Sie, daß Sie seinem Wort glauben. Er sagt, selbst wenn nicht alles in unserem Leben gut sei, werde er doch aus allem Gutes bewirken, wenn wir ihm vertrauen (vgl. Römer 8,28).

Ist Ihnen dieser Gedanke neu? Ich wußte bereits, daß ich in allen Dingen Dank sagen sollte, aber umgesetzt hatte ich das in meinem Leben noch nicht. Ich war gewohnt, Gott für die Dinge in meinem Leben zu danken, von denen ich wußte, daß sie gut waren, und die ich verstehen konnte, aber ich hatte ihm noch nie für etwas Unangenehmes gedankt. Schließlich nahm ich mir vor, ihm in allen Situationen zu danken.

Eines Tages wurde dieser Vorsatz auf eine harte Probe gestellt. Ein schwerer Schneesturm war über die Gegend um unsere Heimatstadt Atlanta hinweggefegt, als DeWitt sich am Morgen auf den Weg zur Arbeit machte. Später am Vormittag rief sein Büro an, um zu fragen, wann er käme. Ich sagte dem Mitarbeiter, DeWitt sei vor zwei Stunden aufgebrochen. Der Mann antwortete: „Normalerweise braucht er nur ungefähr eine halbe Stunde bis hierher, also hatte er vermutlich einen Unfall auf der vereisten Schnellstraße."

An diesem Punkt stand ich vor der Wahl, entweder Gott zu vertrauen und ihm zu danken oder mich von hysterischer Angst überwältigen zu lassen. In dem Wissen, daß Gott DeWitt noch mehr liebt als ich, daß er allmächtig ist und daß er verheißen hat, seinen Kindern nichts zustoßen zu lassen, ohne es zu ihrem Besten zu gebrauchen, sagte ich: „Danke, Herr, für die Situation, in der DeWitt jetzt ist, wie auch immer sie aussieht."

Gott belohnte meinen Gehorsam gegenüber seinem

Wort, indem er mir Frieden schenkte. „Den Frieden lasse ich euch, meinen Frieden gebe ich euch. Nicht gebe ich euch, wie die Welt gibt. Euer Herz erschrecke nicht und fürchte sich nicht" (Johannes 14,27). Der Friede, den Gott mir schenkte, hing nicht von DeWitts Lage ab. Wie sich dann herausstellte, wurde DeWitt durch Unfälle aufgehalten, an denen er nicht selbst beteiligt war.

Fangen Sie an, in allen Situationen Dank zu sagen, besonders für kleine Vorfälle in Ihrem Alltag; sei es, daß Ihnen ein Ei auf den frisch geputzten Fußboden fällt, im unpassendsten Moment jemand anruft oder Ihr Mann einmal muffelig ist. Wenn Sie das Danken an kleinen Problemen üben, wird es Ihnen immer selbstverständlicher werden, auch in schwereren Belastungen und Krisen dankbar zu sein. Natürlich können Sie sich nur dann freuen, wenn Sie auf die Herrschaft Christi und seine Macht, alles zum Guten zu wenden, schauen. Durch seine Fülle stehen Sie über den Umständen, anstatt in ihnen zu ertrinken, und das Leben bekommt eine neue, wunderbare Dimension. Mit einem dankbaren Herzen werden Sie echte Freude erfahren und erkennen, daß Gott in Ihrem Leben nichts zuläßt, das er nicht zu Ihrem Nutzen gebrauchen kann.

Wieder sehen Sie, daß Freude nicht von den äußeren Umständen abhängig ist, sondern von Ihrer Beziehung zu und Gemeinschaft mit Gott. Wenn Sie sich dafür entscheiden, sich an den Umständen und den Menschen in Ihrer Umgebung zu orientieren, werden Sie glücklich sein, wenn die Umstände und die Menschen angenehm sind, aber unglücklich, wenn sie unangenehm sind. Mit andern Worten, eine Ausrichtung an den Bedingungen, die um Sie herum herrschen, bringt Ihnen ein unausgeglichenes Dasein.

Wenn Sie auf Jesus Christus schauen, können Sie Frieden und Ausgeglichenheit erfahren, unabhängig davon, ob Sie nun das Kleid, das Sie sich wünschen, bekommen oder nicht oder ob Sie mit einem mürrischen Ehemann leben müssen oder nicht. Nehmen Sie den Sieg an, den Ihnen Christus in Johannes 16,33 verheißt: „Das habe ich mit euch geredet, damit ihr in mir Frieden habt. In der Welt habt ihr Angst; aber seid getrost, ich habe die Welt überwunden."

Freilich sollten Sie nicht übersehen, daß Christus, wenn er Ihr Leben beherrscht, keine Verantwortungen übernehmen wird, die er Ihnen zugewiesen hat. Er wird zum Beispiel keine Entscheidungen für Sie treffen oder Ihren Mund öffnen, damit Sie jemandem von ihm erzählen. Aber er wird Ihre Kraft sein, wenn Sie einmal Ihre Entscheidung getroffen haben und im Glauben danach handeln. Als ich zum ersten Mal begriff, daß Christus in mir und durch mich leben will (vgl. Galater 2,20), war ich so begeistert, daß ich es gleich meinem dreijährigen Sohn erzählte. „Ist das nicht eine tolle Sache, Ken, daß wir dem Herrn Jesus nur vertrauen müssen, daß er durch uns lebt, anstatt es selbst zu versuchen?"

„Ja", antwortete er, „das ist prima."

Als ich ihn später bat, seine Spielsachen aufzuräumen, sagte er: „Das soll der Herr Jesus machen. Ich brauche das nicht selbst zu tun."

Ich erklärte ihm, daß Jesus sein Leben durch ihn leben und seine Arme und Beine zum Aufräumen der Spielsachen benutzen wolle.

Ken antwortete: „Ach, so funktioniert das?"

Christus wird nicht Ihre Entscheidungen für Sie treffen, sondern er erwartet von Ihnen, daß Sie auf der Grundlage seines Wortes entscheiden. Dann stellt er Ihnen seine Kraft zur Verfügung, um die Entscheidungen in die Tat umzusetzen.

Der letzte Schliff

Wahre, unvergängliche innere Schönheit ist das Werk Jesu Christi, des Künstlers, der an Ihnen arbeitet. Ihr innerer Mensch (die lebendige Leinwand) wird unter seinen Händen zu einer strahlenden Schönheit. Ihr Körper (der Bilderrahmen) ergänzt das Bild und steigert seinen Ausdruck. Sowohl die Leinwand als auch der Rahmen müssen schön sein, wenn das Gemälde den Leuten gefallen soll. Ein billiger oder unpassender Rahmen kann auch von einem guten Bild ablenken. Ein mit Geschmack ausgewählter Rahmen wird noch den letzten Schliff hinzufügen, der ein Bild strahlend schön aussehen läßt.

Es sollte Sie ermutigen zu wissen, daß sowohl Ihr Körper oder der Bilderrahmen als auch Ihr innerer Mensch oder die Leinwand vor Gott kostbar ist. „Er aber, der Gott des Friedens, heilige euch durch und durch und bewahre euren Geist samt Seele und Leib unversehrt, untadelig für die Ankunft unseres Herrn Jesus Christus" (1. Thessalonicher 5,23). Wenn Gott Ihren Körper für wichtig hält, sollten Sie das auch tun.

Versuchen Sie, aus Ihrem Körper einen möglichst attraktiven Teil des Gesamtbildes zu machen. Die Leute machen sich ihre Vorstellungen von Ihrem „wahren Ich" aus den Hinweisen, die Ihr Äußeres ihnen gibt. Sie nehmen Sie zu dem Wert an, den Sie sich selbst geben – und den drücken Sie oft durch Ihre Schönheitspflege aus.

Da alles, was Sie tun und sind, und sogar Ihr Aussehen ebenso auf Ihren Erlöser zurückfällt wie auf Sie selbst, ist es doppelt wichtig, daß Sie gepflegt aussehen. „Was ihr auch tut, das tut alles zu Gottes Ehre" (1. Korinther 10,31).

Die Pflege Ihres Äußeren sollte Ihre Selbstachtung und Ihr Selbstbewußtsein widerspiegeln. Wenn Sie ungepflegt aussehen, ist das, als ob Sie sagen wollten: „Ich halte mich nicht der Sorgfalt wert. Ich glaube nicht, daß ich wertvoll genug bin, um Zeit für mich zu verwenden." Aber wenn Sie bedenken, daß Gott Ihren Körper für wichtig erachtet, daß Ihr Aussehen auf Ihren Erlöser zurückfällt und daß Sie ein Kind Gottes sind, das durch das Blut Jesu Christi erkauft wurde, dann können Sie gar nicht anders: Sie müssen sich einfach freuen und erkennen, daß Sie eine wertvolle Person sind.

Sie sind sogar ein Tempel: „Oder wißt ihr nicht, daß euer Leib ein Tempel des heiligen Geistes ist, der in euch ist und den ihr von Gott habt, und daß ihr nicht euch selbst gehört? Denn ihr seid teuer erkauft; darum preist Gott mit eurem Leibe" (1. Korinther 6,19-20). Ihr Körper ist ein Palast, in dem ein König wohnt! Wollen Sie nicht, daß er herrlich und schön, glänzend und geschmückt ist, um den König der Könige zu ehren? Der Psalmist drückt den Wunsch aus, daß die „Töchter wie Säulen, geschnitzt für Paläste" sein mögen (Psalm 144,12).

Es gibt Leute, die behaupten, es sei weltlich, nach einer anziehenden Erscheinung zu streben; wer sich Mühe gebe, gepflegt auszusehen, könne nicht geistlich gesinnt sein. Diese Leute berufen sich oft auf 1. Petrus 3,3 und sagen, Frauen sollten keinen Wert auf schöne Haare legen, keinen Schmuck tragen und sich nicht schick anziehen. „Euer Schmuck sei nicht der äußerliche durch Flechten der Haare und Umhängen von Gold oder Anziehen von Kleidern." (1. Petrus 3,3 REB). Solche Leute hören immer auf zu denken, bevor sie am Ende des Verses angelangt sind, sonst würden sie

zu dem Schluß gelangen, daß wir keine Kleider anziehen dürfen!

Der Mensch versucht von Natur aus, immer etwas zu
tun, um sich selbst geistlich zu machen; dabei hängt seine
Geistlichkeit einzig und allein davon ab, ob Christus
sein Leben beherrscht oder nicht. Eine schäbige oder
nachlässige Erscheinung begrenzt Ihre Wirksamkeit für
Christus, während ein angenehmes, allgemein akzepta-
bles Aussehen Ihnen weiträumigere Möglichkeiten
zum Zeugnis für Christus gibt. Eine gepflegte Erscheinung zu sein bedeutet, für ihn so gut aussehen zu wollen wie möglich, nicht, die Aufmerksamkeit auf sich
selbst ziehen zu wollen. Ihre allgemeine Erscheinung
sollte so gut sein, wie Ihre Mittel es erlauben, und mit
Ihrer Verantwortung und Position in Einklang stehen.

Ihre *Stellung als Ehefrau* beinhaltet, daß Sie gemeinsam mit Ihrem Mann eine Beziehung entwickeln, die
Ihnen beiden Freude bringt. Eine *Berufstätigkeit*
würde bedeuten, daß Sie Zeit darauf verwenden, Ihre
Kenntnisse auf den neuesten Stand zu bringen, damit
Sie in Ihrem Fach Erfolg haben können. Ebenso erfordert es Ihre *Identität als Frau*, daß Sie Zeit damit verbringen, Ihr Äußeres anziehend zu machen und zu erhalten. Natürlich sollten Sie nicht all Ihre Zeit, Ihre
Aufmerksamkeit und Ihr Geld auf Ihr Äußeres verwenden, aber einige Zeit werden Sie schon brauchen,
um sich so attraktiv wie möglich zu machen.

Liebenswert
durch eine gepflegte Erscheinung

Reinlichkeit

Eine der wichtigsten Voraussetzungen, um attraktiv zu
sein, ist, daß Sie Ihren Körper so sauber wie möglich

halten. Jemand hat gesagt, Reinlichkeit komme gleich nach der Frömmigkeit. Ehrfurcht vor Gott sollte auch Ehrfurcht vor Ihrem Körper nach sich ziehen. Regelmäßiges Duschen macht es Ihnen möglich, sauber und wohlriechend zu bleiben und sich hübsch und frisch zu fühlen. Vermutlich bleibt Ihre Frische nur dann erhalten, wenn Sie ein gutes Deodorant benutzen, um unangenehme Körpergerüche zu vermeiden.

Wählen Sie sich Ihren Lieblingsduft, mit dem Sie Ihrer täglichen Körperpflege den letzten Schliff geben. Bevor Ruth zu ihrem zukünftigen Ehemann ging, sagte ihr Noomi: „So bade dich und salbe dich und lege dein Kleid an und geh hinab auf die Tenne" (Rut 3,3).

Ernährung

Wußten Sie, daß alles, was Sie Ihrem Körper zuführen, sich auch äußerlich zeigt? Es ist wichtig, daß Sie Jesus Christus, der ja in Ihnen wohnt, einen gesunden Körper zur Verfügung stellen. Und das erfordert Selbstdisziplin. Wenn Sie ein angemessenes Gewicht halten wollen, müssen Sie für sich und Ihre Familie gesunde, hochwertige und ausgewogene Mahlzeiten zubereiten. Wenn Sie etwas Übergewicht haben, ist es für Ihre Gesundheit, Ihr Selbstvertrauen und Ihren Mann wichtig, daß Sie es wieder loswerden. (Aber fangen Sie keine strenge Diät an, ohne Ihren Arzt zu fragen!)

Gegen eine zu hohe Kalorienaufnahme gehen Sie am vernünftigsten vor, wenn Sie Zwischenmahlzeiten, schwere Torten und reichhaltige Desserts von Ihrer Speisekarte streichen. Sie müssen nicht aufhören zu essen. Üben Sie einfach Ihren Gaumen darin, hochwertige Nahrungsmittel, die nicht dick machen, zu genießen. Im allgemeinen wird Ihr Gewicht nicht nennenswert schwanken, wenn Sie maßvolle Portionen hochwertiger Lebensmittel zu sich nehmen. Finden Sie heraus, wie viele Kalorien Sie benötigen, um Ihr korrektes Gewicht zu halten, und richten Sie Ihre Ernährung darauf ein.

Bewegung

Wenn Sie nicht genügend Bewegung bekommen, werden Sie sich schlapp und matt fühlen und zunehmen. Achten Sie darauf, jeden Tag ein wenig Sport zu treiben, wenn möglich im Freien. Wenn es nötig ist, daß Sie Gymnastik treiben, macht es Ihnen vielleicht mit etwas flotter Musik mehr Spaß. Wie auch immer Sie sie betreiben, Sie werden feststellen, daß sie Ihren Kreislauf in Schwung bringt, Sie beweglicher macht und Ihnen eine feste, straffe Figur und mehr Freude am Leben verschafft.

Ruhe

Eine aktive Ehefrau und Mutter braucht auch Zeit zur Ruhe und Entspannung. Wenn Sie kleine Kinder haben, können Sie sich möglicherweise nur dann Ruhe gönnen, wenn die Kinder schlafen. Ganz egal, wann Sie es tun; nehmen Sie sich Zeit zur Entspannung, und fühlen Sie sich nicht schuldig deswegen. Jesus sagte zu seinen Jüngern: „Geht ihr allein an eine einsame Stätte und ruht ein wenig" (Markus 6,31). Wenn der Sohn Gottes das Bedürfnis nach Entspannung sah, sollten Sie es auch sehen. Es wird Ihnen helfen, am Abend, wenn Ihr Mann und die älteren Kinder zu Hause sind, frisch und wach zu sein. Deren Tag mag zu Ende gehen, aber Ihrer kann noch bis spätabends dauern.

Kosmetik

Richtige Hautpflege und Kosmetik sind wichtig, um eine schöne Gesichtshaut zu erlangen und zu erhalten.

Die meisten Kosmetikstudios und größeren Kaufhäuser verfügen über ausgebildete Fachkräfte, die Sie kostenlos beraten können. Machen Sie davon Gebrauch. Sie werden Ihnen Hinweise geben, wie man Kosmetika so anwendet, daß es natürlich wirkt. Denken Sie daran: Wenn sie geschickt verwendet werden, fallen nicht die Kosmetika auf, sondern Ihre Schönheit fällt auf.

Beobachten Sie im Spiegel, ob Sie beim Sprechen unbewußt störende Gesichtsbewegungen machen. Oder fragen Sie eine Freundin, ob sie etwas dergleichen bemerkt hat. Knabbern Sie an Ihren Lippen, oder fahren Sie ständig mit der Zunge darüber? Beißen Sie die Zähne zusammen, oder bewegen Sie Ihren Unterkiefer hin und her? Gehen Sie daran, solche Gewohnheiten bewußt abzustellen.

Haar

Ein hübsches Gesicht sollte von einem Kranz der Schönheit umrahmt werden – Ihrem Haar. Das Haar einer Frau ist ein Zeichen ihrer Weiblichkeit. Die Pflege, das Aussehen und die Länge Ihrer Haare sind einer der Bereiche, in denen Ihre Weiblichkeit von der Männlichkeit Ihres Mannes absticht. „Lehrt euch nicht auch die Natur, daß es für einen Mann eine Unehre ist, wenn er langes Haar trägt, aber für eine Frau eine Ehre, wenn sie langes Haar hat? Das Haar ist ihr als Schleier gegeben" (1. Korinther 11,14-15). Wirres, ungekämmtes und unschönes Haar verherrlicht Gott nicht und trägt nicht zu Ihrer weiblichen Erscheinung bei.

Damit Ihr Haar so schön wie möglich aussieht, ist es unerläßlich, es regelmäßig zu bürsten, zu waschen und zu frisieren. Zuerst aber schlachten Sie Ihr Sparschwein, und leisten Sie sich einen fachgerechten Haarschnitt, oder – falls Sie langes Haar bevorzugen – lassen Sie die gespaltenen, trockenen Spitzen abschneiden.

Ihr Frisurenstil sollte Ihre Gesichtsform unterstreichen. Schauen Sie sich aktuelle Frisuren an, aber suchen Sie sich nicht eine davon aus, nur weil sie modern ist. Finden Sie durch Ausprobieren und fachliche Beratung den Stil, der am besten zu Ihnen paßt.

Hände

Ihre Hände sind Ihre Visitenkarte. Darum ist es wichtig, daß Sie darauf achten, Ihre Hände zu pflegen und sie nicht vermeidbaren Gefahren auszusetzen. Geschirrspülen und Putzen zum Beispiel können leicht zu roten, rauhen Händen führen, Gartenarbeit dazu noch zu hartnäckig verschmutzten Fingernägeln, wenn Sie sich nicht entsprechend schützen.

Da vernachlässigte Hände und Fingernägel unweigerlich den gepflegten Eindruck, den Sie erwecken wollen, zunichte machen, sollten Sie Ihre Hände sauber und zart und Ihre Nägel gut geformt und rein erhalten. Dazu ist nicht allzuviel Zeitaufwand nötig, wenn Sie Handcreme, Nagelfeile und Gummihandschuhe (für Schmutzarbeit oder für den Abwasch) bereithalten.

Dann achten Sie auch darauf, die Wirkung Ihrer schönen Hände nicht durch unruhige, nervöse Bewegungen zu verderben. Nervöse Gewohnheiten, wie mit dem Taschentuch oder dem Ring spielen, gestikulieren, das Kinn streichen, an den Nägeln kauen oder mit den Gelenken knacken, wirken abstoßend. Üben Sie sich darin, Ihre Hände in einer ruhigen, entspannten Haltung zu bewahren, während Sie sitzen, stehen oder reden.

Kleidung

Sorgfältig ausgewählte Kleidung gibt Ihrer weiblichen Erscheinung den letzten Schliff. Die Kleidung kann den Anschein einer wohlproportionierten Figur erwecken.

Durch geschickten Einsatz von Schnitt, Farbe, Gewebe-
art und Muster können Sie Ihre Vorzüge betonen und
Ihre schwächeren Punkte verhüllen. Sie können erreichen, daß Sie größer, kleiner, voller oder schlanker wirken. Praktische Tips, wie Sie den Kleidungsstil finden,
der am besten zu Ihrer individuellen Figur paßt, können Sie in den größeren Kaufhäusern oder durch Bücher und Zeitschriftenartikel bekommen.

Die tüchtige Frau aus Sprüche 31 kleidet sich gut:
„Sie macht sich selbst Decken; feine Leinwand und
Purpur ist ihr Kleid" (Sprüche 31,22). Es ist besser,
einige wenige gut gearbeitete, modische Kleider auszu-
wählen als eine Menge schlecht gearbeiteter Sachen.
Vertrauen Sie Christus auch darin, daß er Sie in der
Wahl Ihrer Kleidung führt, und Sie werden erstaunt
sein, wie viele günstige Angebote Sie finden werden.
Denken Sie aber daran, daß kein Angebot wirklich gün-
stig ist, wenn Sie es nicht brauchen. Sie können Ihre
Garderobe umfangreicher erscheinen lassen, als sie ist,
wenn Sie sich ein paar vielseitige Kleidungsstücke anschaffen, die Sie durch Halstücher, Gürtel, Schmuck,
Westen oder durch unterschiedliche Zusammenstellun-
gen variieren können.

Außerdem können Sie durch Selbstgenähtes Ihre
Garderobe auf preiswerte Art ergänzen. „Sie geht mit
Wolle und Flachs um und arbeitet gerne mit ihren Händen" (Sprüche 31,13). Wenn Sie nicht nähen können, ist
es sicherlich möglich, sich durch Angebote der Erwach-
senenbildung, zum Beispiel in der Volkshochschule,
Anleitung zu holen. Ideen zum Nähen bekommen Sie
beim Stöbern in guten Modegeschäften, indem Sie auf
die verwendeten Dekors, Stoffe, Farbkombinationen
und Stile achten. Auch ein Blick in aktuelle Versand-
hauskataloge kann Ihnen helfen, Ihren selbstgenähten
Kleidern ein kunstgerechtes und modisches Aussehen
zu geben. Der Herr hat Ihnen aufgetragen, ihn um

Weisheit zu bitten. Er wird Ihnen auch helfen, Ihre Persönlichkeit durch Ihre Kleidung zum Ausdruck zu bringen.

Ebenso wie Ihr Haar drückt auch Ihre Kleidung den Kontrast zwischen Ihrer Weiblichkeit und der Männlichkeit Ihres Mannes aus. Gott hat uns die strikte Anweisung gegeben, daß eine Frau keine Männerkleidung tragen soll und umgekehrt. „Eine Frau soll nicht Männersachen tragen, und ein Mann soll nicht Frauenkleider anziehen; denn wer das tut, der ist dem HERRN, deinem Gott, ein Greuel" (5. Mose 22,5). Das heißt nicht, daß Frauen keine Hosen tragen dürfen, aber Hosen oder Hosenanzüge sollten weiblich aussehen. Einheitskleidung für beide Geschlechter dient nicht der Verherrlichung Gottes. Gott möchte, daß die Kleidung der Männer männlich und die der Frauen weiblich wirkt, je nachdem, wie es in der jeweiligen Kultur empfunden wird.

Sicherlich wollen Sie sich Kleider aussuchen, die Ihrer Figur schmeicheln, und Farben, die Ihren Teint unterstreichen. Achten Sie aber auch darauf, daß Ihre Kleidung Ihrem Mann gefällt. Sie werden Gott gefallen, wenn Sie sich so anziehen, wie es Ihrem Mann gefällt.

Haltung

Wie gepflegt und schick angezogen auch immer Sie sind, Sie werden die ganze Wirkung verderben, wenn Sie sich im Sessel herumräkeln, Ihre Schultern hängenlassen oder affektiert einherstolzieren. Üben Sie sich darin, anmutig zu stehen, zu gehen und zu sitzen. Stehen Sie aufrecht, mit zurückgenommenen Schultern. Halten Sie beim Sitzen und Gehen die Füße möglichst parallel und die Knie zusammen.

Diese Hinweise über Ihr Haar, Ihre Hände, Ihre

Figur, Kleidung und Haltung erscheinen Ihnen vielleicht lästig und zeitraubend, aber Sie werden sie nicht als Belastung empfinden, wenn Sie sie erst einmal verinnerlicht und sich daran gewöhnt haben. Um Ihren weiblichen Charme zu erhöhen, sollte Ihnen all die Zeit und Mühe nicht zuviel sein.

Liebenswert durch ein gemütliches Heim

Ihre liebenswerte Erscheinung sollte durch eine entsprechende Umgebung ergänzt werden. Mit anderen Worten, Sie brauchen einen ruhigen, ordentlichen Haushalt. Das erfordert von Ihnen Planung, Organisation und Selbstdisziplin. Wenn Sie glauben, mit Haus und Familie nicht auf ordentliche Art fertig werden zu können, bitten Sie Gott um Hilfe. Da Sie sein Kind sind, dürfen Sie sich in Jesu Namen unmittelbar an ihn wenden. „Darum laßt uns hinzutreten mit Zuversicht zu dem Thron der Gnade, damit wir Barmherzigkeit empfangen und Gnade finden zu der Zeit, wenn wir Hilfe nötig haben" (Hebräer 4,16).

Gott liebt Ordnung und möchte, daß Sie ein ruhiges Leben führen können. „Denn Gott ist nicht ein Gott der Unordnung, sondern des Friedens. Laßt aber alles ehrbar und ordentlich zugehen" (1. Korinther 14,33.40).

Wenn wir nicht organisiert und zielbewußt leben, machen wir Christus keine Ehre. „So seht nun sorgfältig darauf, wie ihr euer Leben führt, nicht als Unweise, sondern als Weise, und kauft die Zeit aus; denn es ist böse Zeit. Darum werdet nicht unverständig, sondern versteht, was der Wille des Herrn ist" (Epheser 5,15-17).

Entwerfen Sie einen Plan, um Ihre Aufgaben zu erfüllen. Dann suchen Sie bei Gott Hilfe. Behalten Sie
Ihre Prioritäten im Blick: (1) Ihre persönliche Beziehung zu Jesus Christus, (2) Ihren Mann, (3) Ihre Kinder, (4) die Pflege Ihres Äußeren und Entspannung,
(5) Hausarbeit, (6) Verpflichtungen außerhalb Ihres
Hauses. Wenn Sie sich Ihren Tagesplan machen, wird
Ihnen die folgende Liste vielleicht helfen, Ihre Priorität-
ten in die richtige Reihenfolge zu bringen:

▷ Zeit mit dem Herrn (Bibelstudium und Gebet);
▷ Kochen, Spülen, Hausarbeit;
▷ Waschen, Bügeln, Körperpflege;
▷ Zeit mit der Familie;
▷ Zeit für Ruhe und Entspannung;
▷ persönliche Hobbys, Interessen und Aktivitäten.

Fangen Sie damit an, sich eine Liste aller anstehenden
Aufgaben zu machen. Dann entwerfen Sie einen reali-
stischen Zeitplan, um sie zu erledigen. Dabei müssen
Sie möglicherweise die Zeit, die Sie mit Fernsehen, un-
nötigem Einkaufen oder langen Telefongesprächen verbringen, etwas kürzen. Vielleicht müssen Sie lernen, zu
manchen an sich guten Aktivitäten, die aber nicht we-
sentlich sind, nein zu sagen. Aber wenn Sie Ihre Prioritäten kennen, werden Sie das Beste nicht opfern wollen, um das nur Gute zu tun. Sie schulden Ihrem Mann
Ihr Bestes, ob es nun um Ihre Aufmerksamkeit, Ihre Erscheinung oder Ihr Bemühen um ein ruhiges, gemütli-
ches Heim geht.

Gewöhnen Sie sich an, Ihre Zeit gut auszunutzen, indem Sie ein Buch, eine Handarbeit oder etwas zu
schreiben mitnehmen, wenn Sie Wartezeit auszufüllen
haben, zum Beispiel beim Arzt. Ersparen Sie sich unnötige Wege, indem Sie zum Beispiel Dinge, die in den
Keller gebracht werden sollen, in der Nähe der Keller-

tür sammeln. Gehen Sie nur einmal, am Ende des Tages, hinunter, anstatt mehrmals über den Tag verteilt, es sei denn, Sie brauchen die Bewegung. Ein entsprechendes Telefon könnte Ihnen helfen, Zeit zu sparen, indem Sie sich mit Freunden unterhalten oder notwendige Anrufe erledigen, während Sie kochen, Ihre Arbeitsplatte wischen oder bügeln. Außerdem können Sie viele Tätigkeiten im Haus damit verbinden, sich Predigtkassetten anzuhören, die Ihnen helfen, geistlich zu wachsen.

Nehmen Sie sich die nötige Zeit, Ihren Kindern beizubringen, für ihre Zimmer, ihre Kleidung, Spielsachen und ihr ordentliches Aussehen selbst zu sorgen. Anfangs mag es leichter erscheinen, die Arbeit für sie zu tun, aber wenn die Kinder erst einmal wissen, was sie zu tun haben, wird ihre Hilfe Ihnen Zeit sparen. Außerdem gehört es ja zu Ihren Aufgaben, den Kindern Selbständigkeit zu vermitteln. Sie sollten nichts tun, was die Kinder selbst tun können.

Planen Sie im voraus, damit Ihr Leben nicht vom Unerwarteten bestimmt wird. Hier ist wiederum die tüchtige Frau aus Sprüche 31 ein gutes Beispiel: „Sie fürchtet für die Ihren nicht den Schnee; denn ihr ganzes Haus hat wollene Kleider" (Sprüche 31,21). Ihr Leben war nicht von Katastrophen (Schnee) bestimmt. Der Sonntagmorgen überraschte sie nicht dabei, wie sie umherwirbelnd die Hosen ihrer Söhne bügelte. Sie sah den Bedarf voraus und plante rechtzeitig.

Bei allem Planen und Organisieren sollten Sie freilich auch nicht unbeweglich werden. „Der Mensch setzt sich's wohl vor im Herzen; aber vom HERRN kommt, was die Zunge reden wird. Befiehl dem HERRN deine Werke, so wird dein Vorhaben gelingen" (Sprüche 16,1.3).

Zu Ihren vielen Aufgaben gehört auch, Lebensmittel zu kaufen und zuzubereiten, die Ihr Mann mag. „Sie ist wie ein Kaufmannsschiff; ihren Unterhalt bringt sie von ferne. Sie steht vor Tage auf und gibt Speise ihrem Hause, und dem Gesinde, was ihm zukommt" (Sprüche 31,14-15).

Es ist gut, früh am Morgen aufzustehen und Ihrem Mann ein gutes Frühstück zuzubereiten. Christus wird Ihnen Freude an der Küchenarbeit schenken – selbst früh am Morgen –, wenn Sie ihn um Hilfe bitten.

Neue und ungewohnte Zubereitungsarten zu entdecken kann viel Spaß machen. „In der Abwechslung liegt die Würze." Vermeiden Sie es, jede Woche die gleichen Dinge aufzutischen. Probieren Sie immer wieder neue Gerichte aus, die Ihnen Freundinnen empfehlen oder die auf der Abbildung in Ihrem Kochbuch so verlockend aussehen. Wenn der Geschmack Ihres Mannes recht einseitig ist, versuchen Sie, die Gerichte, die er mag, so schmackhaft wie möglich zuzubereiten. Aber servieren Sie Ihren Kindern zuliebe gelegentlich auch einmal ein neues Gericht.

Wenn Sie ein Lieblingsgericht Ihrer Familie kochen, verdoppeln Sie die Menge und frieren Sie die Hälfte ein für den Fall, daß unerwartete Gäste kommen oder einmal eine schnelle Familienmahlzeit benötigt wird.

Gott hat Sie in den erlebnisreichen, erfüllenden und lohnenden Dienst einer Ehefrau und Mutter gestellt. Sie haben unerschöpfliche Möglichkeiten, den Dienst Ihres Mannes zu unterstützen und zu ergänzen und Ihren Kindern Wertvolles weiterzugeben. Deren Leben wird wiederum das von Hunderten anderer Menschen berühren. Niemand hat einen so großen Einfluß auf Ihre Familie wie Sie als Ehefrau und Mutter.

Ihr Verantwortungsbereich erfordert eine weite Spannbreite an Kenntnissen und Fähigkeiten. Unter Gottes Anleitung werden Sie erleben, daß Sie in Ihrem eigenen Heim Lehrerin, Krankenschwester, Innenausstatterin, Geschäftsführerin, Diätassistentin, Näherin, Einkäuferin, Seelsorgerin, Beraterin, Fotografin und noch vieles, was Ihnen einfallen mag, mehr sind. Kann sich eine Frau eine größere Herausforderung wünschen?

Ihr Dienst in Ihrem Zuhause kann ein aufregendes, schöpferisches Abenteuer sein. Und was das wichtigste ist: Wenn Christus Ihr Leben beherrscht, dann dienen Sie ihm, indem Sie für Ihre Familie sorgen. Sie dienen Christus ebenso gewiß wie der Evangelist, der jeden Tag erlebt, wie Hunderte gerettet werden. Gottes Plan für Sie als Frau wird Sie vollkommen zufriedenstellen, wenn Sie ihm erlauben, jeden Bereich Ihres Lebens zu bestimmen.

Liebenswert durch emotionale Stabilität

Liebenswert sein bedeutet emotional gefestigt sein. Ein Weg zu einem ausgeglichenen Gefühlsleben besteht darin, Sinn für Humor zu entwickeln. Nehmen Sie sich selbst nicht zu ernst. „Ein fröhliches Herz tut dem Leibe wohl; aber ein betrübtes Gemüt läßt das Gebein verdorren. Ein Betrübter hat nie einen guten Tag; aber ein guter Mut ist ein tägliches Fest" (Sprüche 17,22; 15,15). Für die Atmosphäre in Ihrer Familie sind Sie so wichtig wie ein Thermostat für die Temperatur in Ihrer Wohnung. Wenn Sie das Leben gelassen angehen, wird auch die Stimmung in Ihrer Familie gelassen sein. Wenn Sie mit Ihren Kindern und Ihrem Mann lachen können (besonders über seine Witze), wenn Sie über sich selbst lachen können, wird Ihre Familie sich zu Hause glücklicher fühlen.

Vermeiden Sie, zu weinen, um Aufmerksamkeit zu erregen oder Ihren Willen durchzusetzen. Ihr Mann wird Ihnen zwar vielleicht resignierend nachgeben, weil er nicht weiß, wie er sonst mit Ihnen fertig werden soll, aber Ihrer Beziehung zueinander werden Sie Schaden zugefügt haben. Weinen, um den eigenen Willen durchzusetzen, ist wie Liebe fordern, aber Mitleid bekommen; sie bekommen zwar etwas, aber nicht das, was Sie eigentlich wollten.

Es gibt Zeiten, wo die Verpflichtungen im Haushalt, Fehler in der Haushaltsführung, die üblichen Probleme mit den Kindern und Entscheidungen über Mahlzeiten Ihnen so über den Kopf wachsen, daß Sie den Mut verlieren. Überlasten Sie nicht Ihren Mann mit solchen alltäglichen Problemen. Wenden Sie sich statt dessen an Jesus Christus, um Kraft und Führung zu bekommen. „Alles, was ihr tut, das tut von Herzen als dem Herrn und nicht den Menschen, denn ihr wißt, daß ihr von dem Herrn als Lohn das Erbe empfangen werdet. Ihr dient dem Herrn Christus!" (Kolosser 3,23-24). Diese Worte, die sich ursprünglich an Sklaven richten, gelten für jeden, der Aufgaben zu erfüllen hat.

Eine der Eigenschaften eines emotional stabilen Menschen ist eine dankbare Haltung. Eine solche Haltung können Sie durch die Herrschaft Christi in Ihrem Leben entwickeln, indem Sie regelmäßig Gottes Wort studieren. „Und der Friede Christi, zu dem ihr auch berufen seid in einem Leibe, regiere in euren Herzen; und seid dankbar" (Kolosser 3,15). Sie dürfen für jede Person in Ihrem Leben dankbar sein, wenn Sie sich an Christi Verheißung erinnern, alle Dinge (oder alle Menschen) zu Ihrem Besten zu gebrauchen, wenn Sie ihm vertrauen. Wenn Sie eine dankbare Grundhaltung einnehmen, wird Ihr Mann sich in Ihrer Gegenwart wohlfühlen und eher zu dem Ehemann werden, den Sie brauchen.

Lassen Sie keinen Zweifel an Ihrer Dankbarkeit, wenn Ihr Mann Ihnen etwas schenkt. Denken Sie daran, daß Ihr Mann und seine Aufmerksamkeit wichtiger sind als das, was er Ihnen schenkt. Nehmen Sie deshalb alles, was er Ihnen mitbringt, mit Freude und ehrlicher Dankbarkeit an.

Weisen Sie nie ein Geschenk von ihm zurück. Sollte er Ihnen einmal ein Kleid in Größe 44 mitbringen, wo Sie doch nur Größe 36 tragen, gehen Sie mit ihm in das Geschäft, um das Kleid gegen etwas, das auch ihm gefällt, umzutauschen. Wenn Sie das Parfüm, das er Ihnen geschenkt hat, nicht ausstehen können, nehmen Sie einmal ein wenig mehr davon als nötig, wenn er in der Nähe ist; vielleicht schlägt er Ihnen dann vor, es nicht mehr zu benutzen. Lassen Sie *ihn* darauf kommen, anstatt es selbst zu entscheiden.

Und wenn er Ihnen gar keine Geschenke mitbringt? Überprüfen Sie Ihr Verhalten in der Vergangenheit, und stellen Sie fest, ob Sie irgendeine der Richtlinien, die wir entdeckten, verletzt haben. Wenn nicht, dann sind Sie vielleicht einfach mit einem Mann verheiratet, der nicht gerne einkauft (das tun übrigens die wenigsten Männer gern). Nehmen Sie ihn an, wie er ist!

Sie fördern eine angenehme Atmosphäre, wenn Sie es richtig verstehen, Ihren Mann geschickt um die Dinge zu bitten, die Sie sich wünschen oder die Sie brauchen. Geben Sie ihm keine kleinen Winke. Männer sind normalerweise zu beschäftigt mit ihren Aktivitäten, um auf unauffällige Winke zu reagieren. Ihre Frauen fühlen sich dann verletzt und denken, ihre Männer liebten sie nicht. Versuchen Sie auch nicht, ihn von Ihrem Bedürfnis zu überzeugen, damit Sie Ihren Willen bekommen. Er würde sich dann vielleicht überrumpelt fühlen und Widerstand leisten. Auf Ihrem Willen zu bestehen funktioniert auch nicht, denn dadurch drängen Sie sich in seine Autorität, und er wird sich durch Ihr Verhalten angegriffen fühlen. Bitten Sie statt dessen um Dinge mit einem schlichten „Kann ich bitte ..." oder „Würdest du bitte ...". Wenn Sie diese einfache, direkte Methode anwenden, werden Sie ihn eher bereit finden, Ihre Bitten zu erfüllen. Natürlich sollten Sie darauf achten, nicht um Dinge zu bitten, die er sich nicht leisten kann.

Lassen Sie sich nicht erschüttern, falls Ihr Mann sich verhalten sollte wie die Büchse der Pandora, wenn Sie anfangen, Gottes Maßstäbe in Ihrer Ehe zu verwirklichen. Möglicherweise hat er seit Jahren negative Gefühle gegen Sie in der Befürchtung unterdrückt, daß seine Ehe in die Brüche gehe, sobald er seinen wahren Gefühlen Luft mache. Jetzt, da er weiß, daß Sie ihn so annehmen, wie er ist, brechen sich vielleicht alle diese unterdrückten Gefühle plötzlich Bahn. Sollte das geschehen, bitten Sie Jesus Christus, alle Ihre verletzten Gefühle fortzunehmen. Streiten Sie sich nicht mit Ihrem Mann, sondern ermutigen Sie ihn, Ihnen seine Gefühle mitzuteilen. Wenn er damit fertig ist, seine Feindseligkeit herauszulassen, wird er hoffentlich alle Bitterkeit los sein und anfangen können, Sie zu lieben und zu pflegen.

Liebenswert durch Ihre persönliche Note

Viele Frauen befürchten, ihre eigene Persönlichkeit zu verlieren, wenn sie sich ihren Männern unterordnen. Dennoch ist die tüchtige Frau aus Sprüche 31,10-31 ganz sicher eine eigenständige Persönlichkeit, obwohl sie offensichtlich ihrem Mann gefallen möchte: „Sie tut ihm Liebes und kein Leid ihr Leben lang" (V. 12). Paradoxerweise erfahren Sie die volle Freiheit nur dann, wenn Sie sich Gott – in welchem Bereich auch immer – unterordnen: „Wenn euch nun der Sohn frei macht, so seid ihr wirklich frei" (Johannes 8,36). Vergleichen Sie auch Johannes 14,21.23, Galater 3,28 und Galater 5,1.

Wenn Sie Ihre Aufgaben als Ehefrau und Mutter erfüllt haben, können Sie Wege finden, Ihre eigene Persönlichkeit auszudrücken: indem Sie sich neue Menüs oder Rezepte ausdenken, Ihr Zuhause dekorieren, einen Gemüsegarten anlegen, ein Überraschungsfest für ein Familienmitglied planen, ein neues Spiel erfinden, um Ihre Kinder zu beschäftigen, oder ein neues Mittel, um ihre Streitigkeiten zu schlichten, die Börse beobachten, Briefe oder Geschichten schreiben, Bilder malen. Was auch immer Ihre Interessen sein mögen, entwickeln und genießen Sie sie, ja machen Sie sogar in Ihrem Haushalt Gebrauch davon. Weil Ihr Mann weiß, daß er in Ihrem Leben an erster Stelle steht, wird er sich darüber freuen, wenn Sie zu Hause Ihre eigene Persönlichkeit ausdrücken und auch außerhalb Ihres Hauses Ihren Interessen und Hobbys nachgehen – solange sie nicht zuviel von Ihrer Zeit und Aufmerksamkeit in Anspruch nehmen.

Es wird Ihren Mann geradezu begeistern und faszinieren, daß Sie eine völlig eigenständige Persönlichkeit sind. „Kraft und Würde sind ihr Gewand, und sie lacht des kommenden Tages" (Sprüche 31,25). Ihr Mann braucht sich keine Vorwürfe zu machen, wenn er an seinem Arbeitsplatz aufgehalten wird, weil er weiß, daß Sie jede Menge Interessen haben, mit denen Sie sich während seiner Abwesenheit beschäftigen können. Ihre Abhängigkeit mag ihm gefallen, aber nicht eine Hilflosigkeit, die zum Joch wird.

Wenn Sie daran arbeiten, sich selbst und Ihr Zuhause attraktiv zu machen, wird Ihr Mann sagen können: „Es sind wohl viele tüchtige Frauen, du aber übertriffst sie alle" (Sprüche 31,29).

Körperliche Erfüllung

Gott hat einen Weg vorgesehen, durch den Sie und Ihr Mann die tiefe, innige Beziehung, zu der er Sie bestimmt hat, erfahren und ausdrücken können. Dieser Weg ist Ihre sexuelle Vereinigung. Gottes Gedanken sind so vollkommen, daß es keinen Bereich gibt, in dem er nicht für alle Ihre Bedürfnisse vorgesorgt hätte, seien es die geistlichen, die seelischen, die gesellschaftlichen oder die körperlichen. Er möchte, daß Sie in jeder Hinsicht ein erfülltes Leben haben.

Sexualität – Gottes Idee

Daß Sexualität Gottes Idee ist, erkennen wir daran, daß er sie schon bei der Erschaffung von Mann und Frau vorgesehen hat. „Und Gott der HERR sprach: Es ist nicht gut, daß der Mensch allein sei; ich will ihm eine Gehilfin machen, die um ihn sei. Und Gott schuf den Menschen zu seinem Bilde, zum Bilde Gottes schuf er ihn; und schuf sie als Mann und Weib. Und Gott segnete sie und sprach zu ihnen: Seid fruchtbar und mehret euch und füllet die Erde und machet sie euch untertan ...“ (1. Mose 2,18; 1,27-28).

Nachdem Gott Eva aus Adams Rippe geformt hatte, führte er sie zu Adam. Die Bibel sagt: „Darum wird ein Mann ... seinem Weibe anhangen, und sie werden sein ein Fleisch“ (1. Mose 2,24). Damit setzte Gott die Ehe ein. Die Ehe von Adam und Eva bildete ein Muster für die ganze Menschheit, so daß die menschliche Rasse auf ihrem Weg mit dem höchstmöglichen Maß an Freiheit, Schutz und Glück fortschreiten konnte.

Gott gab uns die sexuelle Vereinigung von Mann und Frau als Ausdruck der Liebe zueinander. Diese Vereinigung ist auch in dem Ausdruck „anhangen" enthalten, was soviel heißt wie „aneinander kleben". Gott wollte, daß diese Beziehung einen erfüllenden und frohmachenden Teil des Lebens von Mann und Frau bildet. Das Hohelied Salomos und viele andere Schriftstellen beschreiben in lebhafter Sprache das körperliche Glück, das in dieser Vereinigung verheirateter Liebender erfahren wird (Hoheslied 6,1-10 und 7,1-9).

Da die Schrift lehrt, daß für Verheiratete ein wirksames christliches Leben und gute sexuelle Harmonie zusammengehören, sollten Sie sich um das letztere wie um das erstere bemühen, in dem Wissen, daß die „Ehe ... in Ehren gehalten werden [soll] bei allen und das Ehebett unbefleckt" (Hebräer 13,4).

Ihre körperliche Vereinigung mit Ihrem Mann sollte gut und befriedigend sein, weil sie ein Ausdruck Ihrer inneren Einheit ist. In der Seele eins zu sein bedeutet, daß Ihr Verstand mit Gedanken an Ihren Mann erfüllt ist, daß Sie Ihren Willen daransetzen, seinen Willen zu tun, und daß niemand jemals seinen Platz in Ihrer Zuneigung einnehmen darf. Die sexuelle Vereinigung ist also viel mehr als nur ein körperlicher Akt, denn sie ist ein Bild für die viel tiefergehende seelische Beziehung zwischen Ihnen beiden. Ohne diese Einheit in der Seele ist der Sexualakt eine verkehrte Vereinigung von Körpern und schenkt keine wirkliche Erfüllung.

Verzerrungen und Mißbrauch
der Sexualität

Verzerrungen und Mißbrauch der Sexualität kommen aus unserer alten, sündigen Natur oder von Satan selbst. Satan ist ein Meister darin, Gottes wunderbare Gaben an die Menschen zu verzerren und nachzuäffen. Solche Verzerrungen legen häufig den Schwerpunkt auf die körperliche oder sexuelle Beziehung auf Kosten der seelischen oder umgekehrt. Da Gott Ihnen eine vollständige, befriedigende Beziehung zugedacht hat, hat er bestimmte Grenzen oder Verbote eingesetzt. Das tat er, weil er Sie liebt und möchte, daß Sie glücklich sind.

Gott hat zum Beispiel den Ehebruch verboten, weil er Ihre seelische Einheit mit Ihrem Mann zerstört. „Aber wer mit einer Verheirateten die Ehe bricht, der ist von Sinnen; wer sein Leben ins Verderben bringen will, der tut das" (Sprüche 6,32).

Gott sagt auch, daß Ehebruch den Körper beeinflußt: „Alle Sünden, die der Mensch tut, bleiben außerhalb des Leibes; wer aber Hurerei treibt, der sündigt am eigenen Leibe" (1. Korinther 6,18). Ehebruch kann Ihren Körper so beeinträchtigen, daß er in seinen sexuellen Funktionen gestört ist, so daß Sie mit Ihrem Partner nicht mehr den vollen Genuß erleben können. Bei einer Frau kann wechselnder Geschlechtsverkehr zu Nymphomanie (unstillbare sexuelle Begierde) oder Frigidität (Fehlen oder Abschwächen des sexuellen Verlangens) führen. Die entsprechenden Auswirkungen bei einem Mann wären Satyriasis und Impotenz.

Darüber hinaus können für Männer und Frauen belastende Schuldgefühle eine Folge des Ehebruchs sein. Gott ermahnt uns, die Sexualität nicht zu verzerren oder zu mißbrauchen, sondern in dem von ihm gesetzten Rahmen zu genießen.

Ein anderer Mißbrauch der Sexualität ist die Selbstbefriedigung oder Masturbation. Gott sagt in 1. Korinther 7,4, daß Verheiratete ihren eigenen Körper nicht sexuell erregen dürfen. Das Recht, Ihren Körper zu erregen, hat nur Ihr Mann. „Die Frau verfügt nicht über ihren Leib, sondern der Mann. Ebenso verfügt der Mann nicht über seinen Leib, sondern die Frau" (1. Korinther 7,4). Da Masturbation eben nur eine Selbst-Befriedigung ist, stellt sie einen Mißbrauch gegenüber Gottes Absicht dar, daß die Sexualität ein Ausdruck der Liebe zwischen Mann und Frau ist. Außerdem sollte der Sexualtrieb Sie niemals beherrschen, aber das kann leicht geschehen, wenn Sie der Selbstbefriedigung verfallen.

Wenn Sie Ihre Sexualität gemäß dem Plan Gottes genießen wollen, werden Verzerrungen und Mißbräuche der Sexualität wie Masturbation, Homosexualität, Perversion, Partnertausch, Pornographie, Sensitivitätstraining und Polygamie in Ihrem Leben keine Rolle spielen.

Sexualität an sich ist nicht falsch; aber ihr Mißbrauch oder ihre Verdrehung ist es. „Die Ehe soll in Ehren gehalten werden bei allen und das Ehebett unbefleckt; denn die Unzüchtigen und die Ehebrecher wird Gott richten" (Hebräer 13,4).

Man kann die Sexualität mit einer anderen guten Gabe Gottes vergleichen – der Nahrung. „Denn alles, was Gott geschaffen hat, ist gut, und nichts ist verwerflich, was mit Danksagung empfangen wird; denn es wird geheiligt durch das Wort Gottes und Gebet" (1. Timotheus 4,4-5). Wenn Nahrung in den richtigen Mengen und in einer sinnvollen Zusammenstellung zu sich genommen wird, schenkt sie Gesundheit und Genuß. Wenn Sie diesen Rahmen überschreiten, können Sie zu einem Schwelger werden. Die Sonne, ebenso eine Gabe Gottes, gibt uns Wärme und Licht, kann aber auch Schmerzen verursachen, wenn Sie empfindliche Haut zu lange ihren Strahlen aussetzen. Die Bibel vermittelt eine ausgewogene, gesunde Sicht der Sexualität. Gott ist nicht zu prüde, um auf die Einzelheiten einzugehen; aber genausowenig verherrlicht er den falschen Gebrauch der Sexualität. Seine „Aufklärung" ist vollständig und vollkommen!

Wenn Sie sich in unmoralisches sexuelles Verhalten verstrickt haben sollten, denken Sie daran, daß Jesus Christus auch für diese Sünde bezahlt hat. Bekennen Sie Ihre Unmoral als Sünde, nehmen Sie die Vergebung Christi an, und beginnen Sie, nach seinem Willen ein erfülltes Leben zu führen. Jesus sagte zu der Ehebrecherin: „Geh hin und sündige hinfort nicht mehr" (Johannes 8,11).

Die Freuden der Ehe

In Sprüche 5,15.18-19 gibt uns Gott eine schöne und nützliche Anweisung, wie die sexuellen Bedürfnisse eines Ehepaares durch die Vereinigung in der Ehe erfüllt werden sollen. „Trinke Wasser aus deiner Zisterne und was quillt aus deinem Brunnen. Dein Born sei gesegnet, und freue dich des Weibes deiner Jugend. Sie ist lieblich wie eine Gazelle und holdselig wie ein Reh. Laß dich von ihrer Anmut allezeit sättigen und ergötze dich allewege an ihrer Liebe." In diesen Versen wird die Frau symbolisch als „Zisterne" und „Brunnen" beschrieben. Hier wird also ein herrlicher Vergleich angestellt zwischen einem Menschen, der mit kühlem, frischem Wasser seinen Durst stillt, und einem Paar, das seinen sexuellen Durst durch regelmäßige Vereinigung in der Ehe stillt.

Achten Sie darauf, daß Gott sagt: „Freue dich des Weibes deiner Jugend." Ihre sexuelle Beziehung soll

Ihnen viel Freude bereiten. Die Ehefrau wird als zärtlich, betörend, liebevoll und *befriedigend* beschrieben. Es sollte Ihr Ziel sein, Ihr Liebesleben zu einer befriedigenden, erfüllenden Erfahrung für Ihren Mann zu machen. Wie könnte er sich sonst „allewege an ihrer Liebe" allein ergötzen? Eine Frau sollte in großer Freiheit und mit großer Freude die sexuellen Wünsche und Bedürfnisse ihres Mannes befriedigen.

Machen Sie sich bewußt, daß Ihr Mann die Freiheit braucht, jegliche sexuelle Handlung anzuregen, nach der er sich sehnt, und wissen muß, daß Sie liebevoll reagieren werden. Sie dürfen sich in dem Wissen entspannen, daß es Gottes Wille für Sie ist, seinen Bedürfnissen begeistert entgegenzukommen. Wenn Sie das tun, wird Ihre Erfüllung und Freude aneinander wachsen.

Gemeinsame sexuelle Erfüllung war im Leben von Karen und Fred nicht immer vorhanden, aber sie ist es jetzt. Als junges Mädchen hatte Karen nie von Gottes Willen bezüglich der Sexualität gehört. Als Folge erlebte sie viele Enttäuschungen. Die üblen Geschichten, die sie über die eheliche Sexualität gehört hatte, führten dazu, daß sie ihre Rolle in der körperlichen Beziehung zu ihrem Mann als eine Verpflichtung oder Last betrachtete, vor der sie sich fürchtete. Die Bücher über Sexualität, die Karen las, befreiten sie auch nicht von ihren durcheinandergeratenen Gedanken. Fast alle Arten des Liebesspiels und der sexuellen Erregung hinterließen bei ihr ein tiefes Schuldgefühl. Sie hatte den Eindruck, es sei eine Perversion, solche Handlungen zu genießen.

Nachdem sie die Vorträge gehört hatte, auf denen dieses Buch beruht, gewann Karen eine andere Sicht. Ihre Augen funkelten, als sie sagte: „Ich hatte keine Ahnung, daß Gott in seinem Wort so viel über Sexualität zu sagen hat. Die Schriftstellen, die Sie erwähnt haben, zeigten mir, daß Sexualität Gottes Idee ist, nicht die des

Menschen. Sie ist dazu da, sowohl meinem Mann als auch mir Freude zu bereiten. Ich habe es gelernt, mich völlig zu entspannen und das echte Verlangen, das wir jetzt nach einander haben, zu genießen."

Sexuelle Probleme lösen

Um dauerhafte Lösungen für Ihre sexuellen Probleme zu finden, müssen Sie nach den Ursachen suchen. Da die Sexualität in der Ehe ein Ausdruck der inneren Einheit zweier Menschen ist, können sexuelle Probleme mit jeder Einzelheit im Leben beider Partner zusammenhängen. Probleme können sich auf geistliche oder charakterliche Ursachen zurückführen lassen oder einfach darauf, daß die beiden Partner sich nicht verstehen.

Bei manchen sexuellen Problemen kann es eine Hilfe sein, sich vor Augen zu führen, wie Sie und Ihr Mann sich sexuell voneinander unterscheiden. Im allgemeinen hat der Mann einen aggressiveren, stärkeren Sexualtrieb als die Frau. Das erklärt sich daraus, daß Gott den Mann als den Führenden geschaffen hat. In diesem Bewußtsein können Sie einfach seiner sexuellen Führung folgen und völlige Befriedigung für Sie beide erwarten, statt durch sein Vorwärtsstürmen und sein drängendes Bedürfnis „abgekühlt" zu werden. Dazu kommt, daß ein Mann normalerweise durch das, was er sieht, sexuell angeregt werden kann, eine Frau aber nicht. Wenn Ihr Mann Ihnen vor dem Schlafengehen beim Ausziehen zusieht, kann ihn das durchaus genug erregen, daß er zum Geschlechtsverkehr bereit ist, während Sie schlicht und einfach zum Schlafengehen bereit sind.

Auch nach einem Streit können Männer und Frauen

sexuell sehr unterschiedlich reagieren. Vielleicht besteht die Art Ihres Mannes, zu sagen: „Bitte, vergib mir und laß mich dir zeigen, wie sehr ich dich liebe!", einfach darin, mit Ihnen zu schlafen. Sie dagegen möchten vielleicht durch liebe Worte und Zärtlichkeiten von neuem seiner Liebe versichert werden, bevor Sie zum Geschlechtsverkehr bereit sind. Schließlich kann Sexualität für Ihren Mann als Beruhigung dienen, die es ihm ermöglicht, sich zu entspannen und einzuschlafen. Wenn Sie müde sind, ist Sex das letzte, wonach Ihnen der Sinn steht.

Eine weitere wichtige Hilfe kann die Erkenntnis sein, daß Ihr Mann seine Männlichkeit im Zusammenhang mit seiner Fähigkeit sieht, Ihre sexuellen Bedürfnisse zu befriedigen. Falls Ihr Mann sich bezüglich seiner Männlichkeit unsicher fühlt, versucht er vielleicht, echte oder eingebildete Mängel zu überdecken oder zu kompensieren. Er könnte seine Unsicherheit durch sexuelle Verweigerung oder übersteigerte sexuelle Aktivität zeigen. Möglicherweise hat er Angst davor, daß Sie seine sexuellen Annäherungen zurückweisen könnten oder daß er nicht fähig sein könnte, Ihre Bedürfnisse ausreichend zu erfüllen.

Sie können Ihrem Mann helfen, solche Ängste zu vermeiden, indem Sie sich klarmachen, daß für ihn die sexuelle Vereinigung eine größere körperlich-seelische Herausforderung darstellt. Das Gelingen des Geschlechtsaktes hängt davon ab, ob er in der Lage ist, eine starke Erektion zu erreichen und zu halten. Helfen Sie ihm dabei, indem Sie ihm in Wort und Tat Ihr Vertrauen in seine sexuelle Fähigkeit beweisen. Sie können ihm das vermitteln, indem Sie ihn leidenschaftlich umarmen, herzlich küssen oder zur rechten Zeit erwartungsvoll seufzen. Ihr Verhalten sollte den unmißverständlichen Eindruck erwecken, daß Sie es kaum erwarten können, die Vereinigung mit ihm zu genießen.

Vielleicht denken Sie jetzt: „Soll ich denn so tun, als ob?" Da Sie wissen, daß Gott diese Beziehung zu Ihrer Freude eingesetzt hat, sollte „so tun, als ob" niemals nötig sein. Betrachten Sie es deshalb einfach als Vorfreude auf Ihre eigene sexuelle Erregung, und lassen Sie Ihren Mann Ihre Leidenschaftlichkeit spüren. Der wirksamste Weg, Ihrem Mann Freude zu schenken, besteht darin, ihn wissen zu lassen, daß er Ihnen wichtig ist und Sie sich nach dem Geschlechtsverkehr mit ihm sehnen.

Was ist, wenn Ihr Mann sexuell nicht an Ihnen interessiert ist? Denken Sie daran, daß eine schöne sexuelle Beziehung nicht erst beginnt, wenn Sie ins Bett gehen. In dieser Beziehung drücken sich zwei Menschen aus, die in einer Atmosphäre der Liebe miteinander leben. Bitten Sie Christus, Ihnen zu zeigen, ob Sie unbewußt abschätzig, spitz, sarkastisch oder eifersüchtig waren oder ob Sie Ihrem Mann den Eindruck vermittelt haben, seine sexuelle Fähigkeit sei minderwertig oder nicht ausreichend für Sie.

Joan versuchte, Ihren Mann dazu zu bewegen, sich von einem Arzt untersuchen zu lassen, da sie glaubte, seine Unfähigkeit, mit ihr zu schlafen, sei ein körperliches Problem. Schließlich gab ihr Mann ihr einen Artikel, den er aus der Zeitung ausgeschnitten hatte. Darin stand im wesentlichen, daß ein Mann eine Frau sexuell nicht anziehend findet, wenn sie ständig nörgelt oder seine Männlichkeit untergräbt, indem sie ihn nicht den Führer, Versorger und Beschützer in seiner Familie sein läßt. Wenn Sie Jesus Christus vertrauen, daß er Ihre Haltungen und Ihr Handeln lenkt, und Ihren Platz als Ehefrau einnehmen, wird Ihre innere Einheit in Ordnung sein, und sexuelle Probleme werden zu verschwinden beginnen.

Machen Sie sich niemals schuldig, die Sexualität als Waffe zu gebrauchen, sei es, um Ihren Mann zu bestrafen oder ihn zu etwas zu bewegen. Wenn Sie ihm Ihren Körper aus solchen Gründen vorenthalten, machen Sie sich selbst zur Prostituierten, weil Sie Ihrem Mann Ihren Körper für etwas, das Sie haben wollen, verkaufen. Paulus schreibt: „Die Frau verfügt nicht über ihren Leib, sondern der Mann. Ebenso verfügt der Mann nicht über seinen Leib, sondern die Frau. Entziehe sich nicht eins dem andern ..." (1. Korinther 7,4-5). Wenn Sie Ihre sexuelle Gunst mit einem Preisschild versehen, könnte Ihr Mann den Preis für zu hoch halten und sich nach einem besseren Angebot umsehen.

Sexuelle Probleme können auch dann entstehen, wenn entweder Sie oder Ihr Mann aufgrund von Kindheitserlebnissen eine verdrehte Vorstellung von Liebe, Sexualität oder Ehe haben. Zum Beispiel könnten Sie als Kind Ihrer Mutter die sehr normale Frage gestellt haben: „Woher kommen denn die kleinen Babys?"

Und Ihre Mutter hat darauf vielleicht geantwortet: „Artige kleine Mädchen fragen so etwas nicht. Wenn du größer bist, wirst du solche Dinge erfahren."

Wegen dieser Haltung haben Sie vielleicht den Schluß gezogen, daß da, „wo die kleinen Babys herkommen", etwas nicht stimmt. Den Rest Ihrer sexuellen Erziehung haben Sie in einer Atmosphäre der Geheimnistuerei erhalten, die Ihnen einprägte, Sexualität sei etwas „Schmutziges" und nicht eine schöne, gottgegebene Ausdrucksform der Liebe. Falls die Einstellung Ihrer Mutter oder ein unglückliches Kindheitserlebnis hinter Ihren Vorbehalten und Ihrer Frigidität steht, dann lösen Sie sich jetzt von Ihrem falschen Denken über Sexualität. Nehmen Sie Gottes Vergebung an und lassen Sie sich von ihm eine positive, gesunde Einstellung zur Sexualität schenken.

Manchmal findet eine Ehefrau keine sexuelle Befriedigung, weil ihr Mann sie nicht versteht. Obwohl das Gelingen Ihrer sexuellen Beziehung zu einem größeren

Teil von Ihrer Einstellung abhängt, ist auch seine Erziehung ein wichtiger Faktor. Vielleicht ist sich Ihr Mann nicht bewußt, daß eine Frau normalerweise nicht so schnell sexuell erregt ist wie ein Mann und zärtliche Worte und ein längeres Vorspiel braucht, bevor sie so weit ist, daß sie einen Orgasmus erleben kann. Wenn das in Ihrer Ehe der Fall ist, geben Sie Ihrem Mann behutsame Hinweise; zeigen Sie ihm Handlungen und Ausdrucksformen, die Sie mögen. Reagieren Sie dann mit sichtbarer Begeisterung darauf.

Indem Sie auf seine Bemühungen positiv reagieren, machen Sie ihm Mut, noch mehr zu tun, um Ihnen Freude zu machen. Lassen Sie ihn wissen, wie sehr Sie seine Bemühungen genossen haben, indem Sie ihm sagen: „Es war einfach wunderbar mit dir heute abend." Auch wenn Sie keinen Höhepunkt erreicht haben, können Sie immer noch positiv reagieren. Ein Höhepunkt oder Orgasmus ist nicht immer nötig, damit die sexuelle Vereinigung ein schönes Erlebnis wird. Freilich werden Sie entdecken, daß auch Ihre sexuelle Befriedigung nicht ausbleibt, wenn Sie sich von ganzem Herzen danach sehnen, Ihren Mann zu befriedigen, und auf seine Handlungen positiv reagieren.

Sollten Sie auf sexuellem Gebiet je die Initiative ergreifen? Ja. Es kann manchmal gut sein, wenn Sie die Initiative ergreifen. Sobald Sie das tun, werden sich alle etwaigen Befürchtungen Ihres Mannes, Sie könnten ihn sexuell zurückweisen, sofort in Wohlgefallen auflösen. Zudem wird ihn der Gedanke, daß Sie ihn sexuell begehrenswert finden, wahrscheinlich anregen. Oft wird die Impotenz eines Mannes durch die Nähe seiner leidenschaftlichen Frau überwunden. Er wird sich dadurch seiner sexuellen Fähigkeit bewußt und ermutigt, den Geschlechtsakt zu genießen.

Achten Sie jedoch darauf, in Ihrer sexuellen Initiative nicht zu forsch zu werden. Als Folge Ihrer Forschheit und Ihrer sexuellen Ansprüche könnte Ihr Mann abgestoßen werden, weil er den Eindruck hat, daß seine führende Position bedroht wird. Ebenso wie alle anderen Lebensbereiche muß auch Ihr Liebesleben ausgewogen sein. Sofern die Position Ihres Mannes nicht in Gefahr ist, wird es ihn erfreuen und ermutigen, wenn Sie gelegentlich die sexuelle Initiative ergreifen.

Eine kluge Frau plant voraus, um die sexuellen Bedürfnisse ihres Mannes zu erfüllen. Gönnen Sie sich genug Ruhe, um für Ihren Mann wach, empfänglich und verfügbar zu sein. Wenn Sie müde sind oder Ihnen der Sinn nicht besonders nach sexueller Vereinigung steht, lassen Sie sich von Jesus Christus neue Anregung und Begeisterung schenken, denn es ist sein Wille, daß Sie beide durch diese Vereinigung Freude und Erfüllung empfangen.

Richten Sie Ihren Zeitplan flexibel genug ein, um abends, morgens oder auch mitten am Tag verfügbar sein zu können und den Bedürfnissen Ihres Mannes entgegenzukommen.

Entwickeln Sie ein Gespür dafür, wann Ihr Mann mit Ihnen schlafen möchte. Nehmen Sie sich kein Beispiel an der Ehefrau, der vor dem Zubettgehen noch alles mögliche zu tun einfällt, die im Bett Bücher über Haushaltsführung liest, bis ihr Mann sich auf die Seite dreht und die ganze Sache vergißt. Natürlich können Sie keine Gedanken lesen, aber seien Sie einfühlsam. Kennen Sie Ihren Mann!

Bereiten Sie sich auf das gemeinsame Erlebnis vor, indem Sie sich mit positiven, anregenden Gedanken beschäftigen und nicht mit ärgerlichen oder störenden. Wenn Sie Ihre Verantwortung als Ehefrau erfüllen, indem Sie Ihren Mann annehmen, wie er ist, ihn bewundern, zum Mittelpunkt Ihres Lebens machen und auf seine Führung, seine Fürsorge und seinen Schutz ansprechen, brauchen Sie keine Angst zu haben, ihn an eine andere Frau zu verlieren. Der tiefste Grund für die meisten Fälle ehelicher Untreue ist emotionaler Natur, nicht sexueller. Die Untreue Ihres Mannes könnte eine Rache für wirklich oder vermeintlich erlittene schlechte Behandlung sein. Sie sollten mehr über seine Bedürfnisse und Wünsche wissen als jede andere Frau. Indem Sie diesem Wissen gemäß handeln, werden Sie den Zeiger deutlich zu Ihren Gunsten ausschlagen lassen.

Unabhängig davon, welches Ihre sexuellen Bedürfnisse oder Probleme sind, dürfen Sie Jesus Christus vertrauen, daß er Lösungen bereithält. Er verspricht, all denen Weisheit zu geben, die ihn darum bitten. „Falls jemand von euch nicht weiß, was der Wille Gottes in einer bestimmten Sache ist, soll er um Weisheit bitten. Ihr wißt doch, wie reich Gott jeden beschenkt und wie gern er allen hilft. Also wird er auch euer Gebet erhören" (Jakobus 1,5 HfA). Er kann Ihnen seine Weisheit durch sein Wort, den Rat Ihres Pastors oder eines anderen gereiften Christen oder durch Bücher zur Verfügung stellen. Der himmlische Vater möchte, daß Ihr Liebesleben für Sie und Ihren Mann vollkommen erfüllend ist. Wenn Sie beginnen, Ihren Mann zu verstehen, werden Sie zu der Frau werden, die er braucht.

Der „Glanz des Neuen" in der Ehe

Lassen Sie es niemals zu, daß man von Ihrer Ehe sagen kann, der „Glanz des Neuen" sei dahin oder das Leben sei langweilig und gleichförmig geworden. Sie können Ihrer Ehe neues Leben einhauchen, indem Sie das Unerwartete sagen oder tun. Zum Beispiel könnten sie einmal, wenn Ihr Mann von der Arbeit nach Hause kommt, ihm nach dem Begrüßungskuß ins Ohr flüstern: „Mir ist nach Liebe; warum nicht jetzt gleich?" Natürlich rechnen Sie nicht wirklich damit, daß er auf Ihren Vorschlag eingeht, da vermutlich die Kinder da sind und das Essen vorzubereiten ist. Trotzdem wird der Gedanke ihn anregen und ihm zeigen, daß er begehrenswert ist. Auch auf solche Weise kann man sagen: „Ich liebe dich."

Manche Männer wollen, daß ihre Frauen schmutzige Bücher lesen oder sich Filme anschauen, die nicht jugendfrei sind, um zu erfahren, wie sie Abwechslung in ihr Liebesleben bringen können. Zeigen Sie Ihrem Mann, daß Sie auch ohne solche „Hilfen" für Abwechslung und Begeisterung sorgen können.

Sie können Ihre Ehe durch Frische und Abwechslung bereichern, indem Sie sich schön, Ihr Schlafzimmer unwiderstehlich und Ihr Bett einladend und bequem machen. „Sie macht sich selbst Decken; feine Leinwand und Purpur ist ihr Kleid" (Sprüche 31,22). Hier sind einige Vorschläge, wie Sie den „Glanz des Neuen" in Ihrer Ehe nach und nach wieder zum Vorschein bringen können. Nach und nach wohlgemerkt; denn Ihr Mann könnte sich überrumpelt fühlen oder sogar mißtrauisch werden, wenn Sie alle Tips auf einmal anwenden.

▷ Halten Sie Ihr Bett sauber und wohlduftend. Wenn Ihr Mann Parfüm mag, sprühen Sie ein wenig von seiner Lieblingsduftnote auf die Kissen oder Tücher. Satintücher und Fellkissen sind eine nette Abwechslung.

▷ Schaffen Sie eine romantische Atmosphäre durch Kerzenlicht oder gedämpftes elektrisches Licht. Millie sagte, ihr Mann sei noch nie besonders empfänglich für Kerzenlicht gewesen. Als sie aber im Schlafzimmer Kerzenlicht verwendete, waren beide begeistert von der Wirkung.

▷ Sanfte Musik kann ein wenig vom „Glanz des Neuen" in Ihr Liebesleben bringen.

▷ Wenn es die Umstände erlauben, kann es auch sehr abwechslungsreich sein, einmal in einem anderen Raum miteinander zu schlafen. Seien sie offen dafür, in verschiedenen Positionen Geschlechtsverkehr zu haben.

▷ Wenn Kinder im Haus sind, sorgen Sie dafür, daß Sie nicht gestört werden und in einer entspannten Atmosphäre zusammensein können. Wenn nötig, schließen Sie die Schlafzimmertür ab.

▷ Verderben Sie die einladende Umgebung, die Sie geschaffen haben, nicht dadurch, daß Sie in Lockenwicklern oder mit Gesichtscreme auf dem Schauplatz erscheinen, und nehmen Sie unbedingt Atempastillen oder Mundwasser. Schon etwas so Geringfügiges wie schlechter Atem kann ausreichen, um Ihren Mann auf Abstand zu halten.

▷ Wenn möglich, präsentieren Sie sich in einem neuen Nachthemd, und lenken Sie durch attraktive Kleidung die Aufmerksamkeit Ihres Mannes auf Ihre besten Züge. Jede Frau hat mindestens *ein* reizvolles Merkmal an sich, das sie wirkungsvoll zur Geltung bringen kann. Das können schöne Fesseln, Schenkel, Schultern, Brüste oder ein schöner Hals sein. *Machen Sie das Beste aus dem, was Sie haben, anstatt über das zu jammern, was Sie nicht haben.* Vielleicht ist Ihr schönstes Kleid Ihr „Evaskostüm". Es sollte Ihnen nie peinlich sein, sich Ihrem Mann nackt zu zeigen. Denken Sie daran, Ihr Körper gehört ihm (1. Korinther 7,4).

▷ Sorgen Sie dafür, daß Ihr Mann Ihre Fraulichkeit nicht übersieht – die Tatsache, daß Sie eine aufregende Frau und seine Geliebte sind und nicht nur die Mutter seiner Kinder. Sie können Ihre anregende, aufreizende Fraulichkeit durch die Kreativität, mit der Sie Ihrem Leben Würze und Abwechslung geben, zur Geltung bringen. Bringen Sie zum Beispiel die Kinder für eine Nacht oder ein Wochenende bei Freunden unter, und lassen Sie sich bei Kerzenlicht das Lieblingsessen Ihres Mannes schmecken. Benutzen Sie sein Lieblingsparfüm, entspannen Sie sich und genießen Sie ihn.

Ihr Schlafzimmer sollte der schönste Raum in Ihrem Haus sein, denn hier zeigen Sie und Ihr Mann einander regelmäßig Ihre Liebe. Reservieren Sie dieses Zimmer für die Liebe – Streitigkeiten haben keinen Zutritt. Doch ein christliches Ehepaar kann durchaus im Schlafzimmer auf seinen Knien zu Gott kommen, um seine Vergebung für scharfe Worte und falsche Haltungen zu erbitten.

Dadurch, daß Sie darüber nachdenken und Pläne schmieden, wie Sie eine gute Sexualpartnerin für Ihren Mann sein können, verherrlichen Sie Jesus Christus. In 1. Korinther 7,34 stellt Paulus fest: „Aber die verheiratete Frau sorgt sich um die Dinge der Welt, wie sie dem Mann gefalle." Wenn Sie Ihr Liebesleben zu einem aufregenden und befriedigenden Teil Ihres Lebens machen, werden Sie Ihrem Mann gefallen und gleichzeitig den Anweisungen Christi an Sie gehorsam sein.

Wenn Sie die sexuellen Bedürfnisse Ihres Mannes nicht erfüllen, können Sie zu einem Stolperstein in seinem Leben werden und bewirken, daß er von der geistlichen Wahrheit weggeführt anstatt zu Gott hingeführt wird. „Entziehe sich nicht eins dem andern, ... damit euch der Satan nicht versucht, weil ihr euch nicht enthalten könnt" (1. Korinther 7,5).

Wenn Sie die Sexualität zu einem aufregenden und bedeutsamen Teil Ihres Lebens machen, wird Ihr Mann nicht in Versuchung geraten zu glauben, er verpasse etwas oder der „Glanz des Neuen" in der Ehe sei dahin.

Er wird sich stets auf die sexuelle und gefühlsmäßige Befriedigung, die er bei Ihnen findet, freuen.

Zum Schluß

Ihr Mann wird so glücklich sein, wie Sie es sich wünschen, wenn er das Gefühl hat, daß Sie ihn annehmen, wie er ist, seine Männlichkeit bewundern und ihn (nach Gott) an die erste und wichtigste Stelle in Ihrem Leben setzen. Er wird sich zu Hause gebraucht fühlen, denn er weiß, er wird geachtet als Haupt der Familie, Versorger und Beschützer.

Wenn Sie sich nach Ihrem Mann richten und sich gemäß Gottes Ordnung seinen Plänen anpassen, werden Sie erleben, wie Gott in Ihrer Ehe auch das Unmögliche vollbringt. Ihr Mann wird sich bei Ihnen völlig erfüllt fühlen, weil Sie sein Gegenüber sind – ihm das geben, was er von sich aus nicht hat.

Diese schöne Beziehung zwischen Ihnen ist zusammengefaßt in einer sexuellen Vereinigung, in der Ihre Liebe und Zuneigung ausgedrückt, gesteigert und gestärkt wird. Die sexuelle Vereinigung ermöglicht ein Verständnis, eine Gemeinschaft und eine Kommunikation, die in solcher Zartheit in Worten nicht ausgedrückt werden können. Als „ein Fleisch" können Sie gemeinsam tun, was keiner von Ihnen allein kann.

Wenn die Gedanken, die in diesem Buch dargelegt sind, zu einem Teil Ihres Lebens werden, werden Sie in Ihrem persönlichen Leben und in Ihrer Ehe Erfüllung finden. Ihre Beziehung zu Gott, der die Ehe eingesetzt hat, wird enger werden. Und Sie werden entdecken, daß Sie eine wirkliche Frau sind – eine Frau, die gern verheiratet ist.

Nachwort

Nachdem ich begonnen hatte, die von Gott gegebenen Wahrheiten, die ich in diesem Buch niedergeschrieben habe, anzuwenden, bat mich mein Mann DeWitt, die Leitung meines wöchentlichen Nachbarschafts-Bibelkreises aufzugeben, um einen Kurs über die Verantwortung der Frau in der Ehe zu entwickeln. Aus dieser Vortragsreihe entstand dieses Buch, das 1974 erstmalig erschien.

Nachdem ich den Kurs vier Jahre lang in Atlanta und von Zeit zu Zeit in anderen Städten gehalten hatte, wurde mir klar, daß ich in der Gefahr stand, mich selbst nicht an das zu halten, was ich lehrte. Mein wachsender Dienst nahm zuviel Zeit in Anspruch. Ich vernachlässigte meinen Mann und die Gemeinschaft mit dem Herrn. So führte mich Gott dazu, die Vortragsreihe auf Tonband- und Videokassetten aufzuzeichnen, und ich begann, mich auf meine Beziehungen zu Christus und DeWitt zu konzentrieren.

Meine Waschküche wurde zum Quartier für die „His Way"-Bücherei, durch die ich meine Kursmaterialien versandte. Drei Jahre später hatte Gott auch diesen Dienst auf ein Vielfaches anwachsen lassen, so daß DeWitt mich anwies: „Darien, du mußt die ‚His Way'-Bücherei an jemand anders abgeben. Du hast zuviel zu tun."

Gott führte den Kassetten- und Video-Dienst durch Freunde weiter und gab mir dadurch den Freiraum, mein zweites Buch, *The Beauty of Beholding God,* zu schreiben. Während DeWitt mit der Arbeit an *Mein*

Mann ist gern verheiratet wenig zu tun hatte, nahm er jedes Wort des neuen Buches sorgfältig unter die Lupe und gab mir die liebevolle Ermutigung, die ich brauchte.

Ein Jahr, nachdem dieses zweite Buch erschienen war, nahm unser Leben eine unerwartete Wendung. De-Witt nahm an einer Männerfreizeit teil, kam zurück und bat unsere Söhne und mich um Vergebung dafür, daß er nicht der Vater und Ehemann gewesen sei, der er hätte sein sollen. Zum ersten Mal sahen wir ihn Tränen vergießen. Er hatte auf dieser Freizeit zu einer neuen Beziehung zu Jesus Christus gefunden.

Nun mußte ich lernen, wie ich mich dem neuen De-Witt gegenüber zu verhalten hatte, und wir mußten uns Probleme vornehmen, die wir zuvor unter den Teppich gekehrt hatten. Manchmal vergaß ich, daß die Grundsätze, nach denen ich seit Jahren gelebt hatte, immer noch gültig waren. Aber Jesus machte mich treu auf meine Fehler aufmerksam. DeWitt und ich sind glücklich darüber, daß unsere Zuneigung und Liebe zueinander täglich wächst. Wir haben eine engere Gemeinschaft als je zuvor.

1984 gingen DeWitt und ich in eine vollzeitliche christliche Arbeit mit dem Familienhilfsdienst, einem Dienst an den Armen in der Innenstadt von Atlanta. Damit erfüllte sich DeWitt seinen Wunsch, den Randsiedlern der Gesellschaft zu helfen, und konnte dabei gleichzeitig seine zwanzigjährige Erfahrung als Bauleiter nutzen. Er baut Häuser für die Armen und leitet unausgebildete Männer an.

Gottes Zeitplan ist perfekt. In dem Monat, bevor wir zum Familienhilfsdienst gingen, konnte ich meine letzte Vortragsreihe, „Eine kluge Frau gibt Gott die Ehre", fertigstellen. Diese Reihe ist eine Synthese aus den Büchern *Mein Mann ist gern verheiratet* und *The Beauty of Beholding God*. Nachdem ich diese Reihe abgeschlossen hatte, bestand meine Aufgabe beim Familienhilfsdienst hauptsächlich darin, DeWitt zu unterstützen. Wieder einmal darf ich vieles von Gott lernen, und nichts ist schöner, als zu Jesu Füßen zu sitzen und seiner Lehre zuzuhören.

August 1985

Jean Lush/Patricia Rushford

Was ist nur wieder los mit mir?

Die Gefühle im Leben der Frau

Die Autorinnen geben in diesem Buch
faszinierende Einblicke in die lebenslange
Beziehung zwischen den Gefühlen einer Frau
und den hormonellen Prozessen in ihrem Körper.
Auf diesem Gebiet herrscht großer Mangel an
Informationen und ausgewogenem Rat.
Oder wissen Sie,
wie Sie mit dem Stimmungstief vor der
Menstruation umgehen sollten?
wie Sie verhindern können, daß das Auf und Ab
der Gefühle im Monatszyklus zu einer
Berg-und-Tal-Fahrt für das eheliche Glück wird?
was Hormone mit der „Krise in der Mitte des
Lebens" zu tun haben?
wie man sich auf die depressive Phase nach einer
Entbindung einstellt?
wie man sich auf die Wechseljahre vorbereitet?

Neueste Fakten aus der Medizin, praktische
Beispiele und offenherzige Ratschläge verhelfen
zu einer positiven Einstellung gegenüber den
natürlichen Veränderungen im Leben einer Frau.

Jede Frau sollte dieses Buch lesen. Es ist aber
auch eine vorzügliche Informationsquelle für
Ehemänner und Seelsorger, die (ihre) Frauen
besser verstehen wollen.

Gebundene Ausgabe, 240 Seiten
Bestell-Nr. 15 085

Dee Brestin

Du, ich muß dir was erzählen

Jede Frau braucht eine gute Freundin

Freundschaften zwischen Frauen sind anders!
In ihnen liegt eine Kraft, aber auch eine
Verletzlichkeit, die Männerfreundschaften
normalerweise fehlt.
Die Autorin zeigt auf biblischer Grundlage,
warum Frauen diese intensive Beziehung
zu einer guten Freundin brauchen und
wie man sie aufbaut und bewahrt.

Gebundene Ausgabe, 288 Seiten
Bestell-Nr. 15 099

Elizabeth Skoglund

... leben, wie ich bin
Die Gaben der Frau –
Wege aus dem Rollenchaos

„Heimchen am Herd" oder „Karrierefrau" –
was helfen Vorurteile und Rollenklischees, wenn
doch jede Frau eine einzigartige Persönlichkeit ist
mit einem nur für sie richtigen Lebensweg?
Die Autorin zeigt, wie ein schlechtes Gewissen,
quälende Streitereien mit Freunden und
Verwandten und schier endlose Selbstzweifel
überwunden werden können. Sie eröffnet der
christlichen Frau von heute den Weg zu einem
befreienden Selbstverständnis.
Elizabeth Skoglund ist Ehe- und Familienberaterin
und erfahrene Buchautorin.

Gebundene Ausgabe, 212 Seiten
Bestell-Nr. 15 109